# Moi, j'y crois

ISBN : 978-2-8132-2534-4



Note de l'éditeur : L'auteure et l'éditeur déclinent toute responsabilité provenant directement ou indirectement de l'utilisation de ce livre. Les déclarations faites par l'auteure concernant les produits, les processus ou les méthodes de traitements ne sauraient se soustraire à un avis médical.

www.editions-tredaniel.com
info@guytredaniel.fr
www.facebook.com/editions.tredaniel
@editions_guy_tredaniel

Nathalie MARQUAY-PERNAUT

# *Moi, j'y crois*

## Mes anges, mes guides, mes prémonitions...

Guy **Trédaniel** éditeur
19, rue Saint-Séverin
75005 Paris

À mes anges sur Terre :
mes parents, Mauricette et Gérard
ma sœur, Myriam
mon mari, Jean-Pierre
mes enfants, Lou et Tom
mon amie, Muriel
À Bernadette Tschirret, Claude Alexis,
Catherine Cavaya, Bruno

À mes anges au Ciel :
mes grands-mères, Geneviève et Marguerite
mes grands-pères, Maurice et Octave
ma marraine et mon parrain, Jacqueline et Jean
ma belle-mère, Françoise
mon beau-frère, Jean-François
ma « petite star »

Et à tous ceux qui me guident et me protègent…

# Sommaire

# Pourquoi ce livre...

Je viens vous parler de choses que je n'ai, jusqu'ici, partagées qu'avec mon entourage le plus intime.

Ma famille et mes amis les plus proches savent la place qu'occupent dans ma vie, depuis très longtemps, l'invisible, l'impalpable, l'irrationnel, l'au-delà.

Ils connaissent mes âmes, mes anges gardiens, mes guides, la relation très forte qui me lie à eux. Combien celle-ci nous aide à passer les épreuves que la vie nous réserve jour après jour, combien celle-ci participe ainsi à notre bonheur.

En lisant ce livre, vous allez, à votre tour, connaître tout cela.

— Tu n'as pas peur de passer pour une hurluberlue ? s'est-on inquiété lorsque j'ai décidé de me lancer dans son écriture.

Non, je n'ai pas peur.

C'est de manière très naturelle que j'ai souhaité, la cinquantaine venue, apporter mon témoignage.

À 50 ans passés, on se connaît mieux. On connaît mieux les autres aussi. Avec le temps, je me suis rendu compte que ce que je croyais n'appartenir qu'à moi concernait aussi beaucoup d'entre nous.

Qui, en effet, n'a jamais ressenti que sa vie avait une autre dimension que celle délimitée par ce quotidien, cette réalité immédiate, qui s'impose à tout un chacun, de l'heure du réveil à celle du sommeil ? Qui n'a jamais eu la sensation de ne pas être seulement en relation avec les autres êtres humains présents sur la planète, mais aussi avec certains êtres chers, disparus, ainsi qu'avec toutes les espèces présentes dans la nature, animales et végétales ? Qui, dans un rêve ou par l'intermédiaire d'un médium, n'a jamais reçu de signes ?

Si beaucoup d'entre nous connaissent ces phénomènes, lorsqu'ils nous arrivent, nous ne réagissons pas tous de la même façon.

Ce qui est invisible, impalpable, irrationnel – l'au-delà, c'est-à-dire la mort –, tout cela n'est pas forcément facile à intégrer dans nos vies, particulièrement pour nous, Français, notre pays étant réputé pour être celui de la pure rationalité…

Alors, certains adoptent une attitude de rejet ; d'autres se laissent envahir par le trouble, la peur ; tandis que d'autres encore choisissent le déni, ou la moquerie.

Bien que je comprenne chacune de ces réactions, je les regrette : quel dommage de se priver ainsi de réels bienfaits !

Ce livre vient de là, de cette impression un peu triste qu'en se fermant à tout ce que l'irrationnel peut leur offrir beaucoup d'entre nous renoncent finalement à une part de bonheur.

Mon témoignage pourrait-il les aider ?

Peut-être… C'est avec cette motivation, en tout cas, que je l'ai rédigé.

Avec cette motivation que je vous le propose à présent, espérant très simplement, très sincèrement, qu'en vous disant : « moi, j'y crois », je vous aiderai à y croire, vous aussi.

Nathalie

# Guidée par l'invisible

Des femmes, on entend souvent dire qu'elles sont, dans la vie, plus pratiques, plus concrètes, qu'elles savent mieux s'y prendre avec le quotidien. Bref, qu'elles ont le sens des réalités.

C'est une idée avec laquelle je suis assez d'accord, pour ce qui me concerne : plutôt bien dans ses baskets, la femme de 50 ans que je suis aujourd'hui me semble avoir les pieds sur terre, oui.

Cela dit, entre vous et moi, les réalités de l'existence, il n'y a pas que ça dans la vie !

Vous est-il déjà arrivé de faire un rêve puis de le voir s'accomplir dans la réalité ?

Vous est-il déjà arrivé de constater que les prédictions d'une voyante, d'un médium, se sont réalisées ?

Vous est-il déjà arrivé de noter d'étranges coïncidences ? D'avoir des intuitions troublantes ?

Vous est-il déjà arrivé de vous tourner vers l'astrologie, la numérologie, la chiromancie, et de trouver, là, des éclaircissements, des réponses ?

Vous est-il déjà arrivé d'être en relation, en conversation, avec des êtres chers disparus ?

Vous est-il déjà arrivé, dans une situation de grand danger, d'avoir la sensation, extrêmement forte, que vous alliez vous en tirer, car votre heure n'était pas encore arrivée ?

Vous est-il déjà arrivé de penser que la mort n'est pas une fin ? Que la vie, c'est peut-être bien la circulation des âmes dans l'espace, dans le temps infini ?

Moi, tout cela m'est arrivé.

Tout cet impalpable, cet incertain, cet irréel – ce que d'autres peuvent qualifier d'« occulte » – fait partie de ma vie. Avec ce livre, je veux en témoigner, de manière très simple, très sincère.

J'ai deux enfants, Lou et Tom, deux trésors qui, jour après jour, me rendent tellement fière. À l'heure où l'un et l'autre font leurs premiers pas dans la vie adulte, ils ont plus que jamais besoin d'une maman attentive qui, avec toute la délicatesse et la force que cela demande, doit être là, encore un peu, pour leur tenir la main.

Je suis l'épouse d'un homme rare, extraordinairement aimé du public, l'épouse de Jean-Pierre, l'homme d'une histoire d'amour si forte, si belle, qu'elle mérite à mes yeux une présence, une attention de chaque instant.

Je mène, au théâtre et à la télévision, une vie professionnelle passionnante, aussi exigeante que prenante.

J'ai une vie sociale très active, auprès de mes proches, de mes amis ; auprès des autres aussi, ayant à cœur de savoir me rendre disponible pour aider celles et ceux que le sort a pu fragiliser ou plonger dans la souffrance.

Et puis, comme à tout un chacun, la vie m'a imposé des épreuves, celle de la maladie, notamment.

Tout cela fait que, oui, je connais les réalités de l'existence. Chaque jour, je m'y confronte, essayant de surmonter celles qui font obstacle, m'accommodant de celles que je n'ai pas les moyens de changer, tâchant de profiter au maximum de celles qui me sont favorables.

Voici comment, tout au long de ces années, j'ai fait mon chemin, les pieds sur terre, guidée par l'invisible.

# Ma première rencontre avec une voyante

— Et maintenant, en musique, elles vont toutes se présenter successivement. Voici les dix candidates à l'élection de Miss France 1987.

— Bonsoir, je m'appelle Nathalie Marquay, j'ai 19 ans, et je fais des études commerciales. J'ai été élue au palais Beau Bourg, à Blotzheim, et je suis du signe des Poissons.

Quelle archive ! Conservé par l'INA, le programme de FR3, comme on disait à l'époque, pour la soirée du 31 décembre 1986. Présenté par Guy Lux, qui est alors le roi du divertissement à la télévision française, il s'intitule « C'est demain 87 ».

Je ne l'avais jamais revu dans son intégralité.

J'avais oublié qu'il commençait par un ballet dont le personnage central, en robe rouge, est une gitane. Elle danse sur une chanson qui dit :

Tu ne crois pas que ton histoire
Tient dans une boule de cristal.
Peut-être qu'un jour tu iras voir
Cette gitane aux yeux noirs.
Celle qui peut lire dans le livre de ta vie.
Elle va lire ton avenir
Dans les lignes de ta main.
Elle pourra te dire :
C'est aujourd'hui demain…

L'émission est centrée sur les prédictions pour l'année nouvelle. La parole est aux astrologues en tout genre. L'un d'entre eux, figurez-vous, est un spécialiste du tarot aztèque !

Tout au long de la soirée, ils vont annoncer à des personnes du public ou aux artistes invités les bonnes choses – un soir de réveillon, il ne s'agit pas de casser l'ambiance ! – qui vont leur arriver en 1987. Qui vont leur arriver, oui, puisque, comme le dit la chanson : *Dans le livre de leur vie, c'est écrit…*

Et moi, le livre de ma vie ?

Là, mon impression, c'est que c'est une page blanche avec un gros point d'interrogation au milieu : qu'est-ce que je fais ici ?

Qu'est-ce que je fais avec ces filles sur lesquelles Madame de Fontenay veille comme à la prunelle de ses yeux et qui sont, pour Guy Lux, les *10 représentantes de la beauté française* ? Qu'est-ce que je suis venue faire dans cette élection de Miss France qui, pour la première fois, se déroule en direct à la télévision avec un vote ouvert, *via* Europe 1, à la France entière ?

Sincèrement, durant cette interminable soirée, je me le demande bien.

Tout a commencé il y a quelques mois seulement...

Un jour, mon père entend sur une radio locale un appel à candidature pour l'élection de Miss Alsace. Ma famille est originaire du Nord de la France – je suis née à Comines. À la fin de l'activité minière, nous sommes venus nous installer dans la région industrielle de Mulhouse. L'élection de Miss Alsace ; lorsqu'il entend cela, mon père pense à sa petite dernière – avant moi, il y a un frère et une sœur –, qui n'est pas timide, qui est toujours à se déguiser, pour imiter Claude François, Dalida, Sheila, Annie Cordy, Mike Brant, qui aime bien ça, les paillettes, le spectacle... Et puis, quand même, qui est bien mignonne... Une petite lumière s'allume dans sa tête :

*Et si j'inscrivais Nathalie...*

Bien sûr, mon père s'est bien gardé de me parler de sa drôle d'idée. Il me connaît trop bien. Je lui aurais dit non, comme je dis non à tous ceux qui veulent me faire faire quelque chose que je n'ai pas moi-même décidé de faire : vous l'avez compris, je suis du genre adolescente difficile, rebelle…

La Nathalie de cette époque n'a rien de la jeune fille rangée ; ce serait plutôt, vous voyez, un garçon manqué.

Et ce garçon manqué, Papa, tu es allé imaginer qu'il pouvait se présenter à l'élection de Miss Alsace !

Non seulement il l'a imaginé, mais, tellement soucieux de sortir sa fille de son impasse, sans lui demander son avis, il a envoyé un courrier, des photos…

Et voilà comment, *à l'insu de mon plein gré*, je me suis retrouvée sélectionnée ! Comment – comme si mon père, tel un astrologue, avait lu dans ma destinée – je me suis retrouvée sur une estrade, devant un jury, à me présenter sous mon plus beau jour ; et comment, à l'issue du concours, sans en croire mes oreilles, j'ai entendu :

« Mesdames, Messieurs, le titre de Miss Alsace 1986 a été remporté par le numéro 5 : Nathalie Marquay ! »

À cet instant, je vous laisse imaginer la montagne qui s'écroule sur moi… Montagne qui n'est rien à côté de celle qui suit lorsque je comprends qu'avec cette couronne de Miss Alsace sur la tête je vais devoir aller à Paris concourir pour le titre de Miss France !

Je ne vois pas passer les deux mois qui suivent cette incroyable soirée. C'est comme un tourbillon qui m'emporte. Et, avec grand plaisir, je me laisse emporter – ce qui s'appelle « se laisser porter par le cours de sa destinée ».

Miss Alsace fait la une des journaux. Dans la rue, on me reconnaît, on me félicite, je suis une vedette !

Cerise sur le gâteau : enfin, mes prières ont été entendues ! Puisque je dois me consacrer à la préparation du concours de Miss France, je ne vais plus au lycée !

Cette soirée d'élection de Miss France du 31 décembre 1986, quel bazar !

Elle se déroule dans les studios des Buttes-Chaumont. Guy Lux en est le chef d'orchestre, à la fois très autoritaire et dépassé.

C'est qu'on est en direct et qu'il a une foule de choses à gérer : le public invité, qui est attablé, comme dans un cabaret, et pour qui c'est champagne à volonté ; les techniciens ; les artistes, danseurs et chanteurs ; les astrologues ; le duplex avec la radio Europe 1 ; les douze coups de minuit... Ah, et puis, il ne faudrait pas les oublier, les Miss !

Le concours a été placé en toute fin de programme. Ce qui fait qu'en coulisses, je peux vous dire – jusqu'à ce que Guy Lux annonce : « Et maintenant, en musique, elles vont toutes se présenter successivement. Voici les dix candidates à l'élection de Miss France 1987 » –, je trouve le temps long...

Enfin, c'est à nous !

*A* comme Alsace : du fait de l'ordre alphabétique par régions, c'est moi qui lance le défilé.

Après moi, les neuf autres candidates ; le défilé se terminant avec ma favorite, Joëlle, la superbe Miss Réunion.

Nous voici toutes les dix retournées en coulisses. Chacune est maintenant dans l'attente du sort que les Français, par leurs votes, vont lui réserver...

Durant ces minutes insensées, sans vraiment nous en rendre compte, Joëlle et moi, nous nous sommes rapprochées l'une de l'autre.

Côte à côte, nous écoutons Guy Lux annoncer un classement qui a été complètement revu et qui, cette fois, après de nombreux cafouillages, semble certain : Miss Lille-Métropole, 4e dauphine ; Miss Grande-Motte, 3e dauphine ; Miss Camargue, 2e dauphine... Je me retourne vers Joëlle :

— Oh mon Dieu, Miss France, c'est moi.

Je m'entends encore prononcer ces mots, mais d'une voix étrange, sans aucune émotion, sans aucune intention, bonne ou mauvaise. Je ne fais qu'énoncer une vérité, la plus indiscutable des vérités, voilà ce que je fais : Miss France, c'est moi.

Tout à coup, dans ma tête, il y a comme un immense flash. Dans ma mémoire resurgit un moment de ma vie que j'avais complètement oublié : quelques jours après avoir fêté mes 17 ans, je suis allée chez une voyante...

Avec ma copine Corinne, on fumait notre clope, là où on se tient toujours pour fumer notre clope : un coin tranquille dans une petite rue à côté du lycée. Et, ce jour-là, allez savoir pourquoi, on remarque quelque chose qu'on aurait pu remarquer des dizaines de fois déjà, sur la façade de l'immeuble en face, une plaque sur laquelle est écrit : « *Madame X. Médium* ».

— Qu'est-ce que c'est que ça, *médium* ? me fait ma copine.

— Je crois que c'est quelqu'un qui lit dans une boule de cristal.

— On sonne ?

— Si tu veux.

Une dame nous ouvre.

— Bonjour, madame, on voudrait savoir...

La dame, très gentiment, nous explique qu'un médium est quelqu'un qui a le pouvoir de communiquer avec l'au-delà, avec les esprits...

Avec ma copine, on se pince pour ne pas rigoler.

La dame ajoute qu'elle est aussi voyante : elle a le pouvoir de prédire l'avenir.

— Si ça vous intéresse, n'hésitez pas à venir me voir. À votre âge, l'avenir, on voudrait bien savoir à quoi il va ressembler. Moi, je peux vous le dire...

Quelques jours plus tard, seule, et sans en avoir parlé à personne, je suis de retour chez la dame. Par curiosité, par simple curiosité.

Qu'est-ce qu'elle va me dire ?... Si c'est pour me dire que, telle que je suis partie, je ne vais pas aller bien loin dans la vie, bon, ce n'est pas la peine d'être voyante, on me l'a déjà dit – les profs et les parents me l'ont déjà dit, je le sais parfaitement. Et si c'est pour m'annoncer des catastrophes, ça aussi, pas la peine, les catastrophes, ça arrive quand ça veut, inutile de les annoncer.

La dame, en fin de compte, me dit des choses plutôt agréables à entendre :

— Ce que je vois, ma petite, ce que je vois... Oh mais oui, c'est un avenir... radieux ! Tu vas voyager, tu vas rencontrer des gens célèbres... C'est grâce à ta beauté. Telle que je te vois, dans quelque temps, tu seras la plus jolie fille de France...

— Céleste, pouvez-vous maintenant nous dire qui est classée 1re dauphine ? demande Guy Lux.

— Eh bien, ce n'est qu'une juste récompense pour la Réunion puisqu'elle est 1re dauphine : la Réunion !

Je regarde Joëlle rejoindre Guy Lux pour recevoir son écharpe de 1re dauphine. Et je me prépare, moi, à aller recevoir ma couronne de Miss France 87.

Dans mon esprit, tout est absolument clair à présent.

Ce que m'a dit la voyante, stupide que j'étais, j'ai pris ça à la rigolade... « La plus jolie fille de France », n'importe quoi ! Pourquoi pas Blanche-Neige, Cendrillon, la Belle au bois dormant, tant qu'elle y est ?! Ce que m'a dit la voyante, je m'en suis moqué, et même, je l'ai ensuite complètement oublié. Jusqu'à cet instant... « La plus jolie fille de France », voilà, maintenant, dans mon esprit, tout est clair.

— Et donc, Céleste, qui est élue Miss France 1987 ?

— Avec 42,2 % des voix... Nathalie Marquay !

# Ma vie est déjà écrite

Cette folle soirée terminée, lorsque enfin je me retrouve seule dans ma chambre d'hôtel – magie de Miss France, elle s'est transformée en une suite aussi vaste qu'un appartement, aussi luxueuse qu'un palais ! –, je tombe de fatigue.

Pourtant, dans mon grand lit de princesse, impossible de trouver le sommeil. Nerveuse, dans un état de grande confusion, je n'arrête pas de me répéter :

« Il y a deux ans, je suis allée consulter une voyante. La voyante m'a dit : "Vous serez la plus jolie fille de France." Et ce soir, voilà, je le suis ! »

Cela a-t-il vraiment eu lieu, ce que je raconte là ? Cela s'est-il vraiment passé ?

N'étant plus certaine de rien, je fouille dans ma mémoire...

« *Madame X. Médium* »

Les yeux fermés, je revois cette plaque sur la façade d'un immeuble, près du lycée. Puis, comme dans un film, il y a un effet de fondu enchaîné, je revois une pièce étroite et sombre, où règne un profond silence. Dans cette pièce, une table sur laquelle des bougies sont allumées. Leurs flammes se reflètent dans les boules de verre qui sont disposées à côté. Des boules de verre – ou de cristal, je ne sais pas – de tailles différentes, près desquelles se trouvent des anges, toute une collection de statuettes d'anges. Et puis, il y a un jeu de cartes, mais un jeu de cartes différent de ceux avec lesquels j'ai l'habitude de jouer, que ce soit au rami ou au tarot…

Je revois ce décor, mais la voyante, elle, non : elle reste dans la pénombre, je ne revois ni son visage ni ses gestes.

Mais je réentends sa voix : « Tu seras la plus jolie fille de France. Tu vas voyager, loin, très loin… Tu vas rencontrer des personnalités, des gens célèbres… »

Avec cette voix qui fait comme un écho dans ma tête, je finis par m'endormir.

Et me voici, quelques heures plus tard, embarquée dans ma nouvelle vie !

Madame de Fontenay, secondée par son fils, Xavier, en est la cheffe d'orchestre, bienveillante autant qu'exigeante. Et moi, chaque jour, je m'applique à jouer au mieux ma partition.

D'événements sportifs ou culturels en opérations promotionnelles, de séances de photos en soirées de gala, nous sillonnons la France des villes et des campagnes, des gens simples et des personnalités. Nous voyageons aussi à l'étranger : l'île de Malte, l'Angleterre, l'URSS, Singapour, les États-Unis...

Être Miss France est un métier qui ne dure qu'un an, mais, durant cette année, on l'exerce 24 heures sur 24, 7 jours sur 7 ; pas le temps de penser à autre chose.

J'oublie donc mon histoire de voyante.

Je l'oublie d'autant plus que je ne peux en parler à personne.

Raconter à mes parents, à mes proches, à qui que ce soit, que je suis allée consulter une diseuse de bonne aventure, une « Madame Irma », non, je ne le peux pas. J'ai l'impression qu'on rirait de moi, qu'on me prendrait pour quelqu'un qui a des problèmes et qui est prête à se confier à n'importe quel charlatan pour se tirer d'affaire.

En plus, ma voyante, dans sa boule de cristal et son jeu de tarot, a vu très exactement ce qui allait m'arriver deux ans plus tard. Alors, aller raconter ça ?... Personne ne voudra me croire !

Bref, mon affaire de voyante, cette histoire bizarre, pendant toute mon année de Miss France, j'ai préféré l'oublier.

Mais, un jour, ou plus précisément un soir, elle m'est revenue... C'était quelques jours avant la fin de mon règne. Nous accompagnons, aux États-Unis, un groupe chargé de promouvoir, en ce mois de novembre, un produit phare de l'art de vivre à la française : le beaujolais nouveau.

Au programme : Los Angeles, Dallas, Washington, New York...

Partout, Miss France est reçue comme une star de cinéma. C'est bien simple, j'ai l'impression d'être Brigitte Bardot ou Romy Schneider !

Un soir, à New York, une limousine – avec chauffeur, bien sûr – a été mise à notre disposition. Mais alors la plus grande, la plus somptueuse de toute l'Amérique !

Nous voici, Madame de Fontenay et moi, parcourant « Big Apple » *by night*.

Toutes ces lumières, ces images, et la limousine qui glisse comme dans un rêve, et le champagne – ah, mais Madame de Fontenay veille sur tout, y compris sur ma sobriété : nous trinquons à l'eau minérale –, un émerveillement !

C'est à ce moment-là, très précisément, que la voyante me revient.

Dans la rumeur de New York, j'entends sa voix, ses paroles...

Je me mets alors à murmurer :

— C'est incroyable, cette histoire…

— Quelle histoire ? me demande Madame de Fontenay.

— La voyante…

Dans cette immense limousine blanche qui glisse dans la nuit américaine, pour la première fois, je raconte à quelqu'un mon étrange histoire.

Madame de Fontenay m'écoute, mi-amusée, mi-rêveuse :

— Il ne faut pas trop croire à ce genre de choses, vous savez, me dit-elle doucement, le regard au loin, envoûté par les lumières de la ville.

Je ne réponds pas, préférant tenir secret le sentiment très fort, pour ne pas dire la certitude, qui s'installe alors en moi : « Ta vie est écrite, Nathalie, c'est comme un livre… La voyante n'a fait que t'en lire les premières lignes ; à toi de savoir lire les suivantes… »

# Le tarot de Marseille

Le 31 décembre 1987, à Paris, au théâtre de l'Empire, à l'instant même où est proclamé le nom de la nouvelle Miss France, pour moi, une histoire se termine, et une autre commence.

Dans la vie trépidante qui a été la mienne au cours des mois passés, j'avoue n'avoir pas pris le temps de penser à l'après… Mais Madame de Fontenay, elle, y a pensé !

Conséquence de la retransmission de l'élection en direct à la télévision et de l'ouverture du vote au public, le comité Miss France connaît un formidable essor au niveau national, mais également outre-Atlantique suite à mon élection de 6e dauphine de Miss Monde. Pour accompagner cette dynamique,

Geneviève me propose de collaborer avec elle. Me voilà partie pour une nouvelle aventure !

Les cinq années qui vont suivre, je vais les passer dans ce monde particulier où il était donc écrit que je ne ferais pas qu'*un petit tour et puis s'en va*... Le monde des Miss, avec son calendrier infernal d'élections départementales, régionales, nationales, internationales, avec ses sollicitations incessantes, ses rencontres merveilleuses, ses complications en tout genre, ses heures passées en voiture, en train, en avion, ses manifestations pleines d'imprévus, ses soirées de strass et de stress...

Je fais là mes premiers pas de femme, bénéficiant de la présence affectueuse, attentive, de Madame de Fontenay.

Ce sont des années d'apprentissage, mais du plus important qui soit : celui qui consiste à apprendre à se connaître, dans ce que l'on est et dans ses rapports avec les autres, et à commencer à se forger une personnalité.

Le programme est plutôt chargé.

Durant ces années, je rencontre énormément de gens, je traverse la France de village en village.

Un jour, me trouvant dans l'hôtel d'un petit village, je vois sur un meuble un jeu de cartes qui, aussitôt, me rappelle celui qui se trouvait sur la table de la voyante.

Remarquant ma curiosité, la gérante de l'hôtel me demande si je m'intéresse au tarot de Marseille. Je réponds que « non, pas vraiment ; j'en ai déjà vu, mais je ne sais pas de quoi il s'agit au juste... »

Je découvre alors l'existence de ce que l'on appelle « l'art divinatoire », un art qui regroupe différentes techniques : l'astrologie, la numérologie, le spiritisme et la cartomancie...

Les cartes du tarot de Marseille, en effet, ne servent pas à jouer au tarot. D'ailleurs, on ne les appelle pas « cartes », mais « lames » : les lames du tarot de Marseille servent à pratiquer la divination, autrement dit à deviner ce qui est écrit, mais que l'on ne voit pas, et qui n'est pas encore arrivé.

Ces 78 lames sont magnifiquement illustrées. Je ne me lasse pas de les regarder, les 22 « arcanes majeurs » tout particulièrement. J'apprends que chacune de ces lames symbolise un aspect de la vie.

Le Bateleur, c'est la jeunesse, la créativité, le dynamisme, la nouveauté. La Papesse : la sagesse, l'expérience, la connaissance, les secrets, la fécondité. L'Impératrice : l'intelligence, le pouvoir, l'intuition, la communication. L'Empereur : la construction, la responsabilité, le courage, l'obstination. Le Pape : la bienveillance, la sagesse, la patience, le pardon. L'Amoureux : la sincérité, le charme, la jeunesse, l'amour. Le Chariot : la réussite, l'ambition, ne, la maîtrise. La Justice : l'équilibre, a sévérité, la conséquence des actes. rmite : la longévité, la lenteur, l'introspection, la solitude. La Roue de Fortune : le changement, le surmenage, le destin, la croissance. La Force : le courage, l'énergie, la puissance, la maîtrise. Le Pendu : l'attente, les blocages, l'abandon, les sacrifices. L'arcane sans nom : la fin, la transition, le changement, les regrets. La Tempérance : la communication, la protection, l'adaptation, les concessions. Le Diable : la tentation, la punition, le désir, la prise de risque. La Maison de Dieu : le chaos, la défaite, la remise en question, les angoisses. L'Étoile : le mysticisme, l'espoir, la confiance, l'imagination. La Lune : la déception, la désillusion, la superstition, le mensonge. Le Soleil : le bonheur, la paix, l'épanouissement, le succès. Le Jugement : l'ouverture, le discernement, la renaissance, l'action. Le Monde : la liberté, l'harmonie, l'aboutissement, l'élévation. Le Mat, ou le Fou : le choix, la démence, l'angoisse, le néant.

Vingt-deux cartes qui, de la jeunesse au néant, recouvrent à peu près tout ce que l'on peut vivre dans une vie : je trouve cela fascinant. Et puis, naturellement, cette découverte du tarot de Marseille me ramène dans le cabinet de la voyante : cette fois, je la revois...

À la lueur des bougies, elle manie, coupe, étale ses cartes sur la table... Elle en tire une...

Laquelle ?

« Le Monde », peut-être...

Au centre de cette lame, entourée d'une guirlande de feuilles, une femme aux cheveux longs, seulement ceinte d'une écharpe. On dirait qu'elle danse, ou qu'elle défile sur un podium. On dirait une Miss...

J'ai cette vision extrêmement naïve, mais, lorsque je réfléchis à ce que symbolise cet arcane – la liberté, l'harmonie, l'aboutissement, l'élévation –, alors je redeviens sérieuse.

# Mes rêves prémonitoires

Avec la découverte de l'art divinatoire, j'ai pris conscience que les êtres humains avaient à leur disposition, et depuis fort longtemps, différentes techniques leur permettant de mieux se connaître, de mieux entrevoir, de mieux comprendre leur destinée.

Libre aux uns et aux autres de les utiliser ou non.

Moi, je l'ai déjà fait une fois, de manière un peu irréfléchie – j'étais adolescente…

Le referai-je dans ma vie d'adulte ?

Pour l'heure, je ne me pose pas la question.

J'ai une vie bien trop occupée.

Une vie où tout est écrit, et de façon bien réelle, au sens strict du terme, puisque c'est sur l'agenda du comité Miss France. Toute ma vie est là, écrite noir sur blanc, jour après jour, pour ainsi dire heure par heure. Je n'ai pas à aller chercher plus loin !

Durant ces cinq années, ma vie se résume à mon travail auprès de Madame de Fontenay. Je m'y consacre entièrement. J'ai tellement de choses à faire, des choses tout à fait concrètes, que je n'ai pas le temps de me poser de grandes questions existentielles.

Un jour pourtant, ou plutôt une nuit...

Je fais un rêve.

Dans ce rêve, une jeune femme, une Miss, qui a de longs cheveux noirs, la peau ambrée, une Miss des îles...

Et, soudain, un accident de voiture. Un terrible accident. La voiture est en feu. Les flammes sont gigantesques ; et de ces flammes ressort une femme, une femme sans visage, mais avec des cheveux blancs, de longs cheveux blancs. Une femme avec un couteau à la main, une femme qui s'avance vers moi avec ce couteau à la main, qui le brandit, qui...

Je me réveille en sursaut, m'extirpe tant bien que mal de cet affreux cauchemar.

Durant la matinée, il continue de me hanter. Je ne me sens pas très bien. Puis le téléphone sonne, c'est Madame de Fontenay.

Je lui raconte mon cauchemar.

À l'écoute de mon récit, Madame de Fontenay reste sans voix et, après quelques minutes de silence, elle enchaîne :

— Ce que vous me racontez là, Nathalie, me trouble beaucoup. J'ai appris, ce matin, qu'une candidate à l'élection de Miss Tahiti avait eu un accident de voiture. Un accident très grave. Sa voiture a pris feu. La jeune fille a péri dans les flammes.

Nous raccrochons sans dire un mot tant l'émotion et la stupéfaction sont grandes.

Trois nuits plus tard, je fais un autre rêve, moins tragique celui-là : encore une histoire de voiture, mais avec moi, cette fois-ci…

Je suis sur la route de Vélizy-Villacoublay, il pleut à verse, et plus fort que ça encore : ce sont des trombes d'eau qui s'abattent sur mon pare-brise, des tonnes et des tonnes d'eau à travers lesquelles, malgré les essuie-glaces poussés à leur maximum, j'ai beaucoup de mal à voir la route. La situation est vraiment désagréable, j'avance en aveugle et j'ai peur de l'accident. Lorsque, soudain, les essuie-glaces tombent en panne. Alors, là, la situation devient carrément terrifiante. Je n'ai d'autre choix que celui de m'arrêter sur le bas-côté. Je m'arrête et, ne me demandez pas pourquoi, je descends de la voiture et, sous la pluie battante, je m'éloigne : fin de ce rêve étrange.

Pas de violence, pas de mort : le genre de rêve dont au réveil on ne garde aucun souvenir, sauf que, voilà, le lendemain… Je suis au volant de ma voiture, à la sortie de Paris, sur la route de Vélizy-Villacoublay.

La suite, inutile que je vous la raconte, vous la connaissez… La pluie torrentielle, les essuie-glaces qui se bloquent : je revis mon rêve, il est devenu une situation réelle !

En l'espace de quelques jours, j'ai ainsi vu deux de mes rêves entrer en résonance avec la réalité, deux de mes rêves annoncer, en quelque sorte, des événements me concernant, de loin ou tout à fait directement.

De tels rêves s'appellent, je l'apprends alors, des « rêves prémonitoires ».

Cette découverte vient renforcer en moi l'idée que la vie est écrite : je sais maintenant que les signes qui nous permettent de la lire sont partout, même dans les rêves.

# Mon heure n'était pas arrivée

La vie est écrite.

Mais totalement ? Du début à la fin ? De notre naissance jusqu'au jour, à l'instant de notre mort ?

Peut-être ne me serais-je jamais posé ces questions si un jour je n'avais cru ma dernière heure arrivée…

Avec Geneviève, nous voilà parties pour un nouveau voyage de rêve, et de travail. Direction l'Amérique latine, qui est aussi un peu française : nous allons superviser l'élection de Miss Guyane.

Comme toujours, notre planning est serré. Il ne nous laisse guère de temps pour nous consacrer à autre chose qu'à la préparation de l'élection, aux opérations médiatiques qu'elle suscite et à son bon déroulement.

De l'immense Guyane, de sa jungle et de ses fleuves, de ses chercheurs d'or et de ses Indiens, nous avons compris que nous ne verrions rien – ce que le responsable du comité Miss France local trouve absolument regrettable :

— Vous n'avez pas fait un aussi long voyage pour ne voir que ce que vous voyez en métropole à longueur de journée ! Des jeunes filles, des Miss et encore des Miss, et des photographes, des journalistes, toujours les mêmes... Il y a chez nous, vous savez, des êtres vivants au moins aussi intéressants... Vous aimez les animaux ?

Et c'est ainsi que, comme par magie, notre planning s'est trouvé délesté de quelques heures d'obligations : notre ami nous emmène visiter le zoo de Guyane.

Nous voici, à une demi-heure de route de Cayenne, dans la jungle profonde !

La végétation luxuriante, la moiteur presque étouffante, les cris d'animaux : dans ma petite robe décolletée, avec mes escarpins, j'ai l'impression d'être Kathleen Turner dans *À la poursuite du diamant vert* ! Et je ne vous parle pas de Geneviève, dans son célèbre ensemble noir et blanc, sous son auguste chapeau. Sûr que les jaguars, les pumas, les iguanes, les serpents, les caïmans, les fourmiliers, les singes hurleurs, les toucans, les aras, les ibis rouges en ont les yeux tout écarquillés : jamais ils n'ont reçu pareilles visiteuses !

Et nous aussi, vous l'imaginez bien, nous avons les yeux grands ouverts, émerveillés.

Nous arrivons dans le parc animalier qui entoure un plan d'eau : l'étang des caïmans.

Notre guide nous apprend qu'il s'agit de caïmans à lunettes :

— Ah bon ?...

En fait, ce que nous avons devant nous, c'est une grosse mare d'eau boueuse où il ne se passe, *a priori*, absolument rien. Les caïmans, il faut faire un sacré effort d'imagination pour deviner à quoi ressemblent leurs lunettes !

Notre déception amuse plutôt notre guide :

— Ne vous inquiétez pas, ils vont bientôt montrer le bout de leur nez...

Nous voyons alors arriver un employé du zoo poussant une brouette, et, dans cette brouette, un amoncellement de poulets.

Notre guide entre dans l'enclos habituellement fermé au public et s'empare de poulets pour les jeter au sol.

Les caïmans arrivent, ils sont peut-être une dizaine et, à une vitesse folle, se jettent sur la nourriture.

Quel spectacle formidable d'énergie, de puissance, de violence ! Geneviève et moi sommes à la fois effrayées et fascinées.

C'est très intense, très rapide : en quelques secondes, les poulets, saisis au vol, sont ingurgités. Les caïmans semblent rassasiés…

— Vous voulez en voir de plus près ?

À cette proposition inattendue, Geneviève répond aussitôt non. Et moi, aussitôt oui !

Dans la brouette, il reste encore quelques poulets. L'employé tend une pique à notre guide qui en embroche un, puis il présente sa pique au-dessus de l'étang… À peine quelques secondes et, soudain, un caïman surgit, la gueule grande ouverte, s'empare du poulet et disparaît !

L'employé monte alors sur une petite butte qui surplombe l'étang, s'empare d'un bâton avec lequel il se met à tapoter la surface de l'eau afin d'exciter les reptiles. À cet instant, un « monstre » surgit de l'eau, offrant à nos yeux ébahis le spectacle de sa mâchoire gigantesque.

— Vous voulez essayer ?

Je n'ai pas le temps de me remettre de mes émotions que je me retrouve avec le bâton dans la main, à faire comme le guide a fait. Je tapote la surface d'eau boueuse… À peine quelques secondes, et… le caïman se saisit de mon bâton, le serre entre ses dents aiguisées comme des couteaux ! Sa force me fait perdre l'équilibre – je rappelle que je suis en mode « Miss », en robe et talons hauts.

Je me retrouve nez à gueule avec cet animal monstrueux qui ne va faire de moi qu'une bouchée !

Durant une fraction de seconde, j'imagine la gueule du caïman se refermer sur moi. Je me vois ainsi mourir.

Mais non.

Cette fraction de seconde a été suffisante pour que le guide m'attrape par le bras et m'arrache aux terribles mâchoires de l'animal affamé.

Je recouvre lentement mes esprits…

Je me dis que je l'ai échappé belle, que j'ai eu de la chance, une sacrée chance, ou alors, c'est que mon heure n'était pas arrivée.

C'est plus tard, dans la voiture qui nous ramène à Cayenne, que ces questions me viennent : la vie est écrite, oui, mais totalement ? Du début à la fin ? De notre naissance jusqu'au jour, jusqu'à l'instant de notre mort ?

À ce moment-là, je l'avoue, je n'ai pas de réponse.

En tout cas, si la vie est une histoire déjà écrite, cela n'implique peut-être pas qu'il faille se contenter d'en tourner les pages…

Au bout de cinq ans passés dans la bulle du comité Miss France, je ressens le besoin de changer d'air, d'aller voir ailleurs.

Un beau jour, ma décision mûrement réfléchie, j'annonce à Madame de Fontenay que je m'en vais.

Qu'une jeune femme de 25 ans souhaite déployer ses ailes, gagner en indépendance, qu'elle souhaite aller vers de nouveaux horizons, de nouvelles expériences, Madame de Fontenay le comprend parfaitement. L'essentiel, me dit-elle, est que je sois heureuse...

Et me voilà partie ! Mais vraiment partie ! Je m'envole pour une destination à des milliers de kilomètres de Paris !

Début 1993, avec deux valises et mon chien, je débarque aux Antilles, en Guadeloupe plus exactement.

Qu'est-ce que je viens faire là ?

Je ne sais pas.

J'ai eu une envie d'exotisme, je crois. L'envie, surtout, de me retrouver dans un endroit que je ne connais pas et où personne ne me connaît, un endroit où je n'ai pas de projet clairement défini, autre que celui d'être ouverte à tout ce qui pourra m'arriver.

L'envie, en somme, de repartir de zéro.

La solitude ne me fait pas peur, je me sens forte, j'ai confiance en la vie : advienne que pourra !

Et c'est plutôt bien, ce qu'il advient...

Très vite, je trouve du travail – et dans un secteur porteur sur cette île enchanteresse : le maillot de bain ! Je me fais des amis, je mène une vie simple, insouciante, profitant à fond du soleil, de la mer et de tous les plaisirs que réserve la vie dans les îles : mon existence a un petit goût de paradis.

J'habite, à Basse-Terre, une petite maison charmante, où j'ai pour voisine mon amie Cassandra.

Une fin d'après-midi, Cassandra frappe à ma porte pour me demander, comme elle le fait assez souvent, que je lui prête ma voiture pour la soirée.

Si je n'ai pas de sortie prévue, pas de problème, je la lui laisse.

Ce qui est le cas, ce jour-là : je n'ai rien programmé, je vais sans doute passer la soirée à la maison, avec mon « doudou »... Je devrais donc répondre à mon amie : « Pas de problème, oui, prends-la. »

C'est pourtant le contraire qui se passe : un peu machinalement, sans lui apporter plus d'explications que cela, je réponds à Cassandra que, cette fois-ci, désolée, je ne peux pas lui prêter ma voiture.

La soirée auprès de Sébastien – le charmant garçon qui est alors « mon doudou » – se déroule comme se déroulent toutes les soirées que nous passons ensemble dans notre nid douillet : le plus tranquillement du monde.

Nous vient l'envie de la terminer par un bain de minuit, prélude à la plus douce des nuits...

Nous prenons la voiture pour nous rendre à notre spot préféré.

Nous passons là un moment délicieux, dans l'eau, sur la plage, à la lumière des étoiles. Puis nous rentrons.

Je suis au volant, en paréo.

Je connais parfaitement la route qui nous ramène à Basse-Terre, toute en lacet, et vallonnée. Celle-ci étant, qui plus est, assez déserte à cette heure, je roule à bonne allure.

À l'approche d'un virage, je veux ralentir, je pose mon pied sur la pédale de frein, et là... rien ! Rien ! Plus de frein !

Tâchant de garder mon sang-froid, je me souviens des gestes techniques que mon père, excellent conducteur, m'a appris à essayer en pareille situation d'urgence. Pomper sur la pédale de frein afin de chasser une éventuelle bulle d'air : rien n'y fait ! Tirer le frein à main : rien n'y fait !

La voiture dévale la pente, j'essaie d'en garder le contrôle, mais la situation est désespérée, je ne vais pas pouvoir éviter l'accident, une voiture va arriver en face, que nous allons percuter, je vais tuer des gens – cette pensée m'est insupportable, plutôt mourir, moi, et que Dieu épargne Sébastien !

J'ai donné un coup de volant, la voiture est allée s'encastrer dans la porte d'un garage. Après le choc, le fracas, puis le silence.

Nous sommes vivants.

Pour Sébastien, quelques contusions.

Pour moi, c'est un peu plus sérieux : des blessures aux pieds, une vertèbre abîmée, une double fracture à la clavicule, et des morceaux de verre plantés un peu partout, même au fond de ma gorge.

Nous sommes vivants.

Je le savais. Ne me demandez pas pourquoi. Je le savais !

À l'instant où j'ai pris la décision de donner ce coup de volant, oui, je le savais, j'ai eu cette certitude, extrêmement forte : nous n'allons pas mourir, ni Sébastien ni moi ; nous n'allons pas mourir, ce n'est pas l'heure.

Dans ma chambre d'hôpital, j'ai le temps de revoir la scène…

Me revient alors que c'est mon amie Cassandra qui aurait dû être au volant de ma voiture, ce soir-là… Si, lorsqu'elle est venue me demander si elle pouvait l'emprunter, je lui avais répondu : « Oui, bien sûr, prends-la », si les choses s'étaient passées comme ça, c'est Cassandra qui aurait eu cet accident, et peut-être aurait-il été plus grave encore que pour moi. Cassandra aurait pu être grièvement blessée ou, pire encore, elle aurait pu perdre la vie, et par ma faute, en quelque sorte…

Cette pensée m'a glacée.

Et puis, je me suis posé une question : pourquoi, alors que je n'en avais pas besoin, n'avais-je pas accepté de prêter ma voiture à mon amie ?…

Aurais-je eu un pressentiment ?

Si c'était le cas, alors je n'aurais pas pris la voiture, quelques heures plus tard, avec Sébastien.

Cette histoire – tout de même très bizarre – m'a fait beaucoup réfléchir. Comme si, au fond de moi, on m'avait avertie de deux choses :

1) Je ne devais pas, ce soir-là, prêter ma voiture à Cassandra, car c'était mettre mon amie en danger de mort.

2) En utilisant, moi, cette voiture, je ne risquais pas de mourir : ni moi ni Sébastien n'avions, ce soir-là, rendez-vous avec la mort.

Alors que je tournais ces pensées extrêmement troublantes dans ma tête, deux souvenirs me sont revenus, qui m'ont rappelé quelque chose que je savais depuis longtemps déjà…

Je dois avoir 7 ou 8 ans.

Mon parrain et ma marraine doivent m'emmener en vacances d'été ; ce dont je me fais une joie.

Mais voilà, je tombe légèrement malade, et ma mère refuse que je m'y rende.

Le dimanche, nous sommes à la maison, le téléphone sonne. Ma mère va décrocher, nous la voyons devenir blême, elle raccroche, se prend le visage dans les mains et éclate en sanglots : mon parrain et ma marraine sont morts dans l'incendie qui s'est déclenché dans leur chambre d'hôtel, à cause d'une cigarette mal éteinte.

Avec ce terrible drame, la petite fille que je suis alors se trouve confrontée, pour la première fois, à la mort.

« Si j'avais été avec mon parrain et ma marraine, est-ce que je serais morte, moi aussi ? » se demande-t-elle.

La mort a souvent voulu prendre rendez-vous avec moi et, juste après le drame qui avait touché notre famille avec la disparition de mon parrain et de ma marraine, c'était à mon tour de la frôler pour la première fois.

Lors de ce fameux été meurtrier, je pars finalement en vacances en famille en camping à Rupt sur Moselle, dans les Vosges. La petite fille que j'étais adorait jouer à cache-cache avec son frère Thierry, sa sœur Myriam et les autres enfants du camping. Savamment camouflée dans un gros buisson, j'entends soudain un énorme bourdonnement, je m'agite alors dans tous les sens et hurle à tue-tête, affolant les campeurs. Avec mes parents, ils m'ont retrouvée prostrée au sol, recouverte d'une dizaine de piqûres de guêpes. Au service des urgences, le médecin a dit à mes parents que j'avais eu beaucoup de chance de m'en sortir, car une telle dose de venin dans mon corps aurait pu m'être fatale. Il faut savoir que, chaque année, en France, environ vingt personnes décèdent des suites de piqûres de guêpes mais, ce jour-là, ce n'était pas mon heure...

La mort viendra à la date et à l'heure où il est écrit qu'elle viendra : depuis ce tristement mémorable été de mon enfance, je suis certaine de cela.

# Mon intuition, plus forte que la science

À part cet accident de voiture dû à un problème technique qui ne sera jamais élucidé – péripétie qui m'a tout de même valu deux jours d'hôpital –, mes années antillaises s'écoulent comme une balade tranquille sous les cocotiers, pieds nus dans le sable blanc...

Après une première période en Guadeloupe, je m'installe en Martinique avec un défi professionnel tout à fait excitant : y développer la marque de maillots de bain pour laquelle je travaillais en Guadeloupe.

Me voilà patronne !

Sous ma responsabilité, une dizaine de vendeuses et la gestion d'un stock important.

Jusque-là exclusivement féminine, la marque s'ouvre à la clientèle masculine. Un collaborateur est chargé du lancement de cette nouvelle ligne; collaborateur que j'ai l'avantage de très bien connaître puisque ce charmant et talentueux garçon, répondant au doux prénom de Mathias, n'est autre que mon nouveau petit ami!

J'ai joint l'utile à l'agréable, je suis une jeune femme de 30 ans, épanouie, à qui tout semble réussir: ma vie en Martinique – île belle et accueillante – se présente sous les meilleurs auspices. Mais le destin va encore me jouer un tour...

Voilà que la santé ne suit pas: je me sens patraque, j'ai un peu de fièvre.

Je me décide à aller voir le médecin.

Il m'écoute, il m'ausculte, et, pour lui, c'est tout à fait clair: je fais une forme simple, tout à fait bénigne, de dengue.

La dengue, quand on vit sous les Tropiques, on sait ce que c'est: une maladie transmise par la piqûre d'un moustique. Ses symptômes sont un peu similaires à ceux de la grippe: fièvre, mal de tête, douleurs musculaires, fatigue, perte d'appétit...

Sortant du cabinet de ce médecin, je sais donc à quoi m'en tenir: quelques jours de repos, et on n'en parlera plus!

Ce n'est hélas pas comme ça que ça va se passer.

Les jours se suivent, et je ne vais pas mieux.

L'idée s'installe en moi que ce n'est pas la dengue qui m'affaiblit à ce point, c'est autre chose…

Quoi ?

Pour obtenir une réponse à cette question qui devient de plus en plus angoissante, je vais voir un autre médecin, puis un autre, un autre…

Huit professionnels de la santé vont me dire la même chose :

— Vous avez la dengue, madame, une dengue tout à fait bénigne, contre laquelle il n'y a rien de particulier à faire, si ce n'est d'attendre qu'elle passe.

Des dizaines de fois, j'entends ça. Et des dizaines de fois, je dis non, ce n'est pas la dengue, c'est autre chose : j'en suis persuadée, c'est autre chose ! Je le pressens…

Le temps passe. Je me sens, de jour en jour, plus épuisée, et je dors très mal.

Une nuit, je suis à ce point rendue à l'état de loque que je ne peux plus me tenir debout pour aller aux toilettes. J'y vais en me traînant. J'y reste un moment, à me demander ce que c'est que cette épreuve que je suis en train de vivre et sur laquelle personne jusqu'ici n'a réussi à mettre un nom.

De retour dans le lit, je réveille Mathias :

— Écoute, je suis sûre que j'ai quelque chose de très grave. Soit une leucémie, soit une tumeur au cerveau. D'accord, je ne suis pas médecin, mais mon corps et mon esprit me « parlent », c'est comme ça.

— Ton corps et ton esprit te parlent... Qu'est-ce que tu racontes, Doudounette ? Tu as attrapé la dengue, voilà tout ! Tous les médecins te l'ont dit, arrête de flipper, me répond doucement Mathias. Allez, rendors-toi, ça ira mieux demain matin.

Adorable Mathias ! Si seulement les choses pouvaient être aussi douces, aussi tendres que lui...

Mais non, elles sont dures et violentes, comme cette maladie qui, je le sens, je le sais, est entrée en moi.

Le lendemain matin, évidemment, je ne vais pas mieux. Mon état a peut-être même empiré.

Mathias est parti travailler, je suis seule à la maison et, plutôt que de me laisser sombrer, je décide de rassembler mes dernières forces et d'aller voir, oui, un autre médecin, car maintenant, je le sens, je le sais, c'est une question de vie ou de mort.

Comment ai-je pu me lever, me préparer ? Comment ai-je pu aller prendre la voiture, conduire ? Je me le demande encore...

Une force venue de je ne sais où m'anime.

Brûlante de fièvre, je roule en étant aussi prudente que possible.

Voilà que j'aperçois un clocher, une église.

Je suis catholique, croyante, mais, comme on dit, pas très pratiquante : les églises, je n'ai pas vraiment besoin d'y aller...

Sauf que là, si, j'en ai besoin, absolument besoin.

Je suis à bout de forces, mais « quelque chose » en moi me dit de laisser ma voiture là et d'entrer dans cette église d'un quartier de Fort-de-France.

Me voici en son sein, devant la statue de saint Antoine de Padoue, celui que l'on vient prier lorsqu'on a perdu quelque chose de précieux, dans l'espoir de le retrouver.

Là, c'est moi qui suis perdue. Et, saint Antoine, si je suis là devant lui, c'est que c'est sûrement le meilleur endroit pour me retrouver avec *mes âmes* – ces êtres chers, disparus, mais avec lesquels je suis restée en contact, avec lesquels, dans certaines circonstances, comme à présent, je peux parler. À saint Antoine qui se trouve là, dans cette église, à ma grand-mère, à mon parrain et à ma marraine qui s'y trouvent également, je dis :

« Aidez-moi, je vous en prie, j'ai quelque chose de grave. Personne n'est en mesure de me dire ce que c'est. Aidez-moi à trouver la personne qui, elle, le pourra. Quand je sortirai de cette église, je vous en prie, mettez-moi sur son chemin. »

Je reste près d'une heure dans cette église, au pied de cette statue, entourée de mes âmes, à pleurer toutes les larmes de mon corps, totalement bouleversée, submergée d'émotion.

Lorsque j'en ressors, je ne vais pas mieux dans mon corps, mais mon âme, elle, est apaisée.

Je vais pour reprendre ma voiture, et là, après seulement quelques pas, je remarque, sur la façade d'une maison, une plaque… Pas la plaque d'une voyante, non, la plaque d'une femme médecin, « ancienne interne des Hôpitaux de Paris ».

Est-ce cette mention, gage de sérieux, qui me guide ? Est-ce autre chose ?…

Toujours est-il que, sans me poser de question – du genre : un médecin de plus, à quoi bon ? –, sans hésiter une seconde – je n'ai pas de rendez-vous, tant pis ! –, j'entre dans ce cabinet médical avec le sentiment que je vais y trouver la réponse à mes questions. Une fois de plus, je le sens…

J'attends un moment, la docteure me reçoit. Je n'ai pas besoin de lui faire tout un exposé pour qu'elle se rende compte de mon état. Après avoir pris ma tension – « 6 », imaginez un peu ! –, elle m'envoie *illico* faire des analyses. Des analyses : cela peut paraître fou, mais aucun des médecins que j'ai consultés jusqu'alors n'a pensé à ça !

Le destin, encore le destin : le laboratoire se trouve juste en face du cabinet médical. J'ai la sensation que les choses, cette fois, sont de mon côté. Je remercie saint Antoine, je remercie mes âmes…

Les analyses se révèlent, évidemment, catastrophiques : je dois me rendre à l'hôpital sans délai. Et, dans cet hôpital, même si on se garde bien de me le dire, je sens, je sais, que je vais devoir rester de longues semaines…

Me voilà aux urgences. Nouvelles analyses et ponction.

— Une ponction ?

— Oui, madame. C'est absolument nécessaire. L'opération est un peu douloureuse, c'est vrai, mais elle nous permettra de confirmer notre diagnostic.

— Mais je peux vous le confirmer, moi, ce diagnostic ! Je sais parfaitement ce que j'ai, ça fait des jours, des semaines que…

— Madame, s'il vous plaît…

Le médecin et les infirmiers ne me laissent pas terminer ma phrase, ils passent à l'acte.

J'ai, en face de moi, des personnes rationnelles, à qui, à cet instant, je ne peux évidemment pas dire que, MOI, je sais, que j'ai ce ressenti très fort, parce que je suis guidée par mes âmes.

Quelques heures plus tard, je suis dans ma chambre d'hôpital, somnolente. Un médecin entre. Il se présente, ajuste ses lunettes sur son nez et se plonge dans mon dossier. Je le regarde. Dans l'état où je suis, je le vois un peu flou ; en revanche, j'entends parfaitement le bruit des pages qu'il tourne lentement. D'un filet de voix, je lui dis :

— C'est une leucémie, docteur, n'est-ce pas, une leucémie ?

Le médecin n'avait jamais vu ça : une patiente qui établit elle-même son diagnostic, et pour une maladie tout de même peu courante, et très grave.

— Le scientifique que je suis, je vous l'avoue, est un peu désemparé, mademoiselle Marquay, par ce que vous lui dites... C'est vraiment étonnant. Comment appeler un tel phénomène ?... Une intuition ?

— Une intuition, oui, docteur, appelez ça comme ça.

# Mes âmes

Les choses n'ont pas traîné : en quelques jours seulement, je suis passée du soleil des Tropiques à une chambre à Gustave-Roussy, hôpital de la banlieue parisienne spécialisé dans le traitement du cancer ; d'une vie heureuse et pleine d'avenir à une thérapie lourde, dont le succès n'est pas acquis.

Ma vie est maintenant entre les mains des médecins, plutôt qu'entre celles de mes anges gardiens.

À la fin des années 1990, la leucémie est encore une maladie mal connue, effrayante ; pour beaucoup, synonyme de mort.

Le fait – mystérieux, je vous l'accorde – d'avoir su avant les médecins que j'en étais atteinte ne m'a pas empêchée de prendre peur, moi aussi.

J'ai connu un moment d'abattement, des heures où je ne savais pas à qui m'en prendre : à moi ou à la Terre entière ?...

Mais je savais, au plus profond de moi, que ma vie n'allait pas s'arrêter là, que cette maladie qui me tombait dessus, cette leucémie, était une épreuve, une épreuve à franchir, c'est tout.

Je vais donc la franchir.

Je me sens assez forte pour y parvenir, car je ne suis pas seule, je suis entourée de mes âmes, de mes anges, de mes guides, là-haut...

À Gustave-Roussy, au 6e étage, il y a une petite chapelle, ouverte 24 heures sur 24, la plupart du temps déserte.

Au début, je l'appelais « mon pleuroir » : j'y allais pour ça, pour me libérer de la quantité phénoménale de larmes que mon pauvre corps malade pouvait contenir.

Un océan.

Venait s'y déchaîner une tempête de questions : qu'est-ce qui se passe ? Pourquoi suis-je là ? Qu'est-ce que j'ai fait ? De quoi suis-je coupable ? À quoi rime cette épreuve que l'on m'impose ? Pourquoi mon bonheur s'est-il soudain transformé en souffrance ? Est-ce que je suis condamnée à souffrir pour le restant de mes jours ? Est-ce vraiment sûr que je ne vais pas mourir, que je vais m'en sortir ? Mais dans quel état vais-je m'en sortir ? Et mes parents, mon frère et ma sœur, et Mathias, tous ces ennuis que je leur cause, toute cette angoisse, pourquoi, pourquoi je leur fais ça ? La malédiction s'est-elle abattue sur notre famille ?

Je l'ai appris plus tard, auprès d'une personne bien plus calée que moi en matière de religion, quelqu'un qui était allé au catéchisme, à la messe, et qui avait lu la Bible : dans la petite chapelle de l'hôpital Gustave-Roussy, je me suis comportée comme Job.

J'étais heureuse – comme on dit, « gâtée par la vie » – et puis, soudain, tout m'a été retiré : la liberté, ma beauté, ma belle santé, mon avenir… Job vivait dans un palais, il était riche et heureux et faisait tout ce qu'il fallait pour plaire à Dieu : du jour au lendemain, il s'est retrouvé pauvre, sur un tas de fumier.

Sur son tas de fumier, Job s'en prend à Dieu. Lui qui n'a jamais commis de péchés, il trouve injuste que le Seigneur lui fasse subir un sort aussi terrible, il est en colère :

« J'aimerais mieux ne pas être né, ou être déjà mort. Pourquoi ne me laisses-tu pas mourir ? » lance-t-il au bon Dieu.

Moi, je ne suis pas allée jusque-là, je n'ai pas crié, mais j'en ai versé, des larmes, sur mon triste sort, je m'en suis posé, des questions, toutes aussi violentes les unes que les autres…

Et, comme Job, j'ai appris.

Lui, c'est Dieu qui lui apparaît. Et cela suffit pour qu'il comprenne qu'une vie sans épreuves, cela n'existe pas. On peut être un saint, on n'y échappe pas.

Moi, c'est grâce à mes âmes que j'ai appris.

Dans ma petite chapelle, après avoir beaucoup pleuré, à bout de larmes, je suis restée silencieuse.

Alors, leurs voix, doucement, me sont revenues.

Je les ai écoutées.

J'ai écouté ma grand-mère Marguerite, j'ai écouté mon parrain, ma marraine, j'ai écouté ces êtres chers, disparus...

Je dis « disparus », car je préfère ce mot, qui signifie « qui n'est plus visible », à celui de « morts », qui laisse penser que tout est fini. Or, non, la mort ne détruit pas tout. La mort respecte l'amour, elle conserve quelque chose de ce lien unique par lequel se propage le flux éternel de la vie.

Disparus, ma grand-mère paternelle, mon parrain et ma marraine sont devenus mes âmes – ces voix bienveillantes, aimantes, qui guident sur le chemin parfois sombre de l'existence.

Dans ma petite chapelle de l'hôpital Gustave-Roussy, j'ai entendu mes âmes me dire :

*« Nathalie, ma chérie... »*

*« Cette épreuve qui t'est infligée... »*

*« Ces souffrances que tu es en train de subir... »*

J'ai entendu mes âmes me dire que tout cela ne devait pas me conduire à ne plus aimer la vie ! Tout au contraire, je devais l'aimer plus fort ! Si j'étais malade aujourd'hui, c'était pour être, demain, plus vivante encore !

*« La maladie est une école, Nathalie. Applique-toi, suis bien les leçons, fais tes devoirs... Tu en sortiras grandie, avec des connaissances nouvelles et profondes sur le sujet le plus important qui soit : toi. »*

# Rationnelle et irrationnelle

Un mois à vivre, c'est ce que me donnaient les médecins, si la première chimio se révélait inefficace.

Cette chimio : trois semaines, dont je vous épargnerai ici la description.

Mais un traitement qui réussit !

*« Première bataille remportée, Nathalie ! »*

Je remercie mes âmes et mon ange gardien, je me dois de les bénir. Il est important de leur signifier ma gratitude : je leur dois mon instinct de survie, ma force de me battre.

Mais le combat n'est pas terminé. Prochaine étape : après deux autres chimios, une greffe de moelle osseuse.

Une perspective qui me met face à une vérité très simple, et absolument cruelle : en acceptant que l'on me fasse cette greffe, j'accepte de devenir stérile.

Comment réagir, face à cela ?

Comment accepter, jeune femme que je suis, de rester en vie, mais sans plus pouvoir donner la vie ?

Comment accepter de payer ce prix ?

Je ne l'accepte pas !

Me voilà, une nouvelle fois, remplie soudain de certitude. Me voilà, une nouvelle fois, animée de cette force impérieuse !

Cette greffe, c'est ma mort.

Je vois les choses comme ça, de manière aussi nette, aussi indiscutable.

Cette greffe, c'est ma mort, parce que la stérilité qui en sera la conséquence va tuer la femme que je suis ; la mère que je veux être.

J'écoute ce que l'on me dit, je suis sensible à toute la conviction, à la sincérité, à tout l'amour que l'on met pour parvenir à me convaincre.

Le corps médical me met en garde, face à mon refus : je mets ma vie en danger, je m'expose à une mort quasi certaine.

Cela ne change rien : cette greffe, je ne la ferai pas.

Je prends mes parents dans mes bras, je les embrasse, je les serre fort, je leur dis qu'ils doivent me faire confiance. Cette fois encore, ils doivent me faire confiance, leur fille a de bonnes âmes et des anges qui veillent sur elle, ces protecteurs lui ont prédit qu'un jour elle portera la vie, un jour elle enfantera, et ce sera la plus belle chose qu'elle fera dans sa vie.

— Mes âmes, mes anges, je ne peux les trahir.

Face à l'expérience, au savoir des médecins, j'oppose une certitude venue d'on ne sait où, et à laquelle je m'agrippe : il n'y a là absolument rien de raisonnable ; mon attitude est, bien sûr, perçue comme complètement irrationnelle.

Irrationnelle, oui, elle l'est.

Mais l'irrationnel, Docteurs, mais l'irrationnel, Papa, Maman, n'est-il pas une donnée de la vie ?

Vivre, n'est-ce pas être animé par ces deux forces-là : le rationnel et l'irrationnel ? Selon les circonstances, l'une peut prendre le pas sur l'autre, puis elles s'équilibrent.

— Nathalie, mon équipe et moi, tu nous mets dans une situation extrêmement délicate… En trente ans de métier, je n'avais jamais été confronté à une patiente aussi déterminée, avec un tel libre arbitre. Il y a une force en toi qui échappe à nos appareils, à nos analyses, on ne sait pas d'où elle vient, mais elle est là, et je pense qu'il est vain de vouloir s'y opposer. Alors, voilà, j'ai bien réfléchi et j'ai pris ma décision : cette greffe de moelle osseuse, on va s'en passer, je te suis.

Le docteur Bourhis, homme de science, a accepté de prendre en compte l'irrationnel. Sa force décisive.

Et le miracle se produit !

Un jour, ce moment que j'ai tant espéré arrive !

Le docteur Bourhis m'annonce que je suis, non pas guérie, mais en rémission.

Il faut savoir que nous avons tous UN ange gardien, lui-même entouré d'autres anges, tous dirigés par nos guides spirituels. Et ils ne m'ont pas lâchée. À cet instant, ils me donnent une nouvelle preuve de leur pouvoir et de notre symbiose.

Grâce à eux, je suis de nouveau en possession de ce trésor, magnifique et fragile : la vie.

En quittant Gustave-Roussy, je jette un dernier regard sur ce bâtiment où j'aurai passé une année. Sur cet hôpital ?

Non, sur cette « école », ont dit mes âmes et mes anges, et ils avaient bien raison...

Ils ont toujours raison, ils me montrent le chemin : je les suis.

# Mes porteurs de lumière

Un matin comme tous les autres
Un nouveau Paris
Rechercher un peu de magie
Dans cette inertie morose

Mais tout peut changer, aujourd'hui
Est le premier jour du reste de ta vie...

Le jour où je sors de l'hôpital, j'entends cette chanson* qui passe sur toutes les radios. On dirait

* Étienne Daho, *Le Premier Jour du reste de ta vie*, 2001.

qu'elle a été écrite pour moi ! Et ce couplet, en particulier :

> Pourquoi vouloir toujours plus beau
> Plus loin plus haut
> Et vouloir décrocher la Lune
> Quand on a les étoiles…

Étienne Daho a ses étoiles ; moi, je dirais : « MON étoile », « ma bonne étoile ».

Sortant d'un an d'hôpital, ayant réchappé à la leucémie – en passe d'y réussir, en tout cas ; de cela, je ne doute pas une seconde –, j'ai ce sentiment, plus fort que jamais, d'une bonne étoile qui veille sur moi, et je la remercie.

Et puis, bien qu'impatiente de repartir dans la vie – et d'un bon pas ! –, je prends le temps de voir un peu où j'en suis…

De la jeune fille élue Miss France à cette jeune femme en train de remporter son combat contre la maladie, les premières années de ma vie d'adulte ont été riches d'expériences, c'est le moins qu'on puisse dire.

De l'anonymat le plus complet, je suis passée, en une soirée, à la célébrité. Du jour au lendemain, mon quotidien de lycéenne un peu désorientée a été emporté dans un tourbillon de rencontres, de découvertes, d'apprentissages.

Dans l'univers des Miss, où le paraître ne va pas sans une grande exigence sur soi-même et envers les autres, je me suis ouverte au monde et à autrui, j'ai appris la complexité des rapports humains, et je me suis construite.

Lorsque je l'ai quitté, en prenant un double risque – celui d'un changement radical et celui de l'indépendance –, je me suis mise à l'épreuve. J'ai alors appris que j'étais capable d'entreprendre, d'avoir des responsabilités, de me confronter à des difficultés de tous ordres et de me battre pour les surmonter, j'ai appris que j'étais capable d'apprendre de mes échecs et de réussir. Et puis, j'ai pris goût à la liberté, aux plaisirs de la vie, à ce bonheur – à la fois simple et merveilleux – que l'on a de vivre auprès de quelqu'un qu'on aime et qui vous aime.

Bref, ces quelques années m'ont appris que j'étais capable de tracer mon propre chemin.

Avec la maladie, brutalement, tout s'est arrêté.

Moi qui ne vivais que dans le mouvement, j'ai dû accepter de vivre dans l'immobilité. Et dans la souffrance.

Et, comme une épée de Damoclès au-dessus de mon lit, la mort.

Là, dans ces jours sombres, cela peut paraître paradoxal, mais c'est ainsi, j'y ai vu plus clair.

Ce qui s'est éclairé, c'est la part invisible de ma vie.

Là où tout est écrit.

Là où vivent ces êtres chers disparus que j'appelle, selon ma fantaisie, « mes anges », « mes âmes », « mes guides ».

Dans les tempêtes de la vie, dans ses nuits sombres, je sais que je peux compter sur eux : comme des phares, pour ne pas que je m'égare ou que je fasse naufrage, ils m'apporteront leur lumière.

Et puis, ces premières années de ma vie d'adulte, je me suis souvenue qu'elles m'avaient été, en quelque sorte, annoncées...

« Tu seras la plus jolie fille de France. »

Je me suis souvenue de ma voyante de Mulhouse, et j'ai alors compris, pleinement, qu'il y a des gens sur Terre qui ont ce pouvoir-là, celui de voir la vie des autres ; et ce qu'ils voient, ils savent le traduire en quelques mots. Le talent de ces gens (les voyants) est aussi une affaire de lumière : leur parole vous éclaire...

À ma sortie de l'hôpital, au premier jour du reste de ma vie, si j'étais physiquement encore un peu faiblarde, mentalement je me suis sentie plus forte que jamais.

Sur le chemin du reste de ma vie, je pouvais m'engager sans crainte : m'accompagnaient, visibles et invisibles, des porteurs de lumière.

# Mon mari, mes enfants : notre destin commun

— Je vois un homme plus âgé que vous, de plusieurs années, une vingtaine… Il est père de deux enfants. Le jour où vous allez le rencontrer, il viendra de recevoir son acte de divorce… Cet homme, je le vois dans la lumière, c'est quelqu'un de connu…

Bernadette est la première voyante que je vais consulter en sachant parfaitement, cette fois, où je me rends, ce que je fais.

C'est en Alsace, où je suis allée me reposer quelque temps auprès des miens, que l'on m'oriente vers elle. Tous ceux qui ont fait appel à ses services en parlent comme d'une personne dotée d'un fluide exceptionnel. Je vais donc la consulter en toute confiance.

Et pour entendre quoi ? Cette histoire ridicule de rencontre avec un homme qui a déjà un tel bagage, une vie personnelle accomplie... Ce n'est pas l'idée que je me fais du prince charmant !

Si, à l'heure où j'en suis – celle d'un nouveau départ dans la vie –, je porte en moi tous les projets du monde, celui de tomber amoureuse d'un monsieur de 50 ans, divorcé, déjà père de deux enfants et qui, pour couronner le tout, est célèbre : ah non, je n'ai certainement pas celui-là !

Désolée, Bernadette, mais ce monsieur dont vous me parlez coche toutes les mauvaises cases. Je vous le dis comme je le pense : si, comme vous me le prédisez, il se présente un jour à l'élection de mon futur mari, c'est clair, je lui donne zéro.

La suite, vous la connaissez : c'est l'histoire d'amour de ma vie, mon histoire de femme et de mère, mon destin tout tracé, prédit et éclairé par Bernadette, avec l'homme de ma vie, Jean-Pierre Pernaut.

Elle commence à la vitesse de la lumière. 8 décembre 2001 : coup de foudre. 22 février 2002 : fiançailles. 14 décembre 2002 : naissance de notre fille, Lou. 5 décembre 2003 : naissance de notre fils, Tom.

Il y a quatre ans, soutenue par mes âmes et mon ange gardien, je me suis battue pour cela : un jour, porter dans mon ventre le fruit de l'amour.

Ce jour béni est arrivé.

Je vous laisse imaginer ma joie, et celle de Jean-Pierre, qui n'est pas moindre, loin de là !

Cet enfant que nous avons conçu est, oui, le fruit de notre amour. Et, au-dessus de cet amour, à cet instant je ne l'oublie pas, il y a mes âmes et mes anges. Ma joie de future maman, ce bonheur incomparable, c'est aussi à eux que je les dois.

L'arrivée prochaine de mon premier enfant, je ne l'ai pas apprise comme la plupart des futures mamans, après quelques mois de grossesse, mais à l'instant même de sa conception !

Lors d'une escapade à Saint-Jean-de-Luz, en mars 2002, dans un bel hôtel romantique, nos corps se sont unis... Et, à la fin de nos ébats amoureux, je savais ! À cet instant, j'ai dit à Jean-Pierre :

— Je garde les jambes en l'air, je suis enceinte !

En voyant sa mine amusée, je l'ai regardé droit dans les yeux, et lui ai affirmé qu'il allait, à nouveau, être papa. Tout était réuni en ce bel après-midi ensoleillé, dans cette chambre avec vue sur mer, et le feu qui nous animait pour créer la vie, guidée par mes âmes, mes anges...

Je savais que ma vie de mère avait commencé à cet instant même. Les quatre éléments – l'eau, l'air, la terre et le feu – ne faisaient plus qu'un pour accueillir notre futur enfant. Futur enfant ? Je savais déjà que ce serait une fille.

Je savais à « sang pour sang » que ma grossesse était en route. Pas besoin d'attendre longtemps, à l'approche de mes menstruations, mon test était positif ! Je le savais.

— Avec Lou, mes âmes, avec ce trésor que vous m'offrez, me voici reliée à vous plus fort que jamais !

Lou est née le 14 décembre 2002, à 10 heures du matin, par césarienne. Mars 2003 : je suis à nouveau enceinte !

Cet événement, Jean-Pierre et moi souhaitions bien le voir arriver un jour, mais pas si vite !

— Deux césariennes dans un laps de temps aussi rapproché, tout juste un an, sérieusement, vous n'y pensez pas, Nathalie !

Encore une fois, c'est la science qui parle, la science qui me dit qu'après trois chimios, m'être retrouvée enceinte à un âge déjà avancé, 35 ans, et avoir accouché sous césarienne représente pour mon corps une succession d'épreuves terriblement lourdes.

La science qui, à partir de là, pose son verdict. Et je dois l'écouter sans broncher : mon corps est aujourd'hui incapable de subir une épreuve supplémentaire ; une grossesse, peut-être, en faisant très attention, mais une nouvelle césarienne, non, certainement pas ; ce serait, de manière certaine, mettre non seulement ma vie en danger, mais aussi celle du bébé ; mon corps a maintenant besoin de repos, de repos, c'est tout ; bien sûr, rien n'interdit d'envisager une nouvelle grossesse dans un délai tout de même assez raisonnable, d'ici deux ou trois ans, si tout se passe bien...

La science et moi, on commence par bien se connaître, elle peut bien dire ce qu'elle veut...

Et Jean-Pierre aussi peut bien dire ce qu'il veut !

Me voilà à nouveau devant un mur : mon gynéco et son expérience, Jean-Pierre et son amour.

Tous deux ne souhaitent qu'une chose : me protéger.

L'un et l'autre – le premier par conscience professionnelle, le second par peur de perdre la femme qu'il aime, la maman de sa petite Lou – me demandent de renoncer à cette grossesse.

Non, pas question que j'avorte.

À nouveau, je me retrouve à devoir affirmer et défendre haut et fort ce que je sais :

— Ce bébé que nous avons fait, Jean-Pierre, cet enfant que je porte, docteur, il vient de là-haut... Oui, du Ciel, si vous voulez, je peux utiliser ce mot. Si je suis enceinte aujourd'hui, il ne s'agit pas d'un accident, mais de ma vie telle qu'elle a été écrite, telle qu'elle doit se dérouler sous la protection de mes âmes et de mes anges... Je ne cours aucun danger, vous savez, ni moi ni le bébé. Cette naissance, qui va parfaitement se dérouler, je peux vous l'assurer, c'est la vie qui continue, c'est tout ! Vous voulez lui barrer le chemin ? Ah non, on ne fait pas ça, même si c'est, comme vous le dites, « pour mon bien ». La vie, lorsqu'elle est guidée par le Ciel, on ne l'empêche pas.

Bon, le gynéco, Jean-Pierre, je ne leur ai peut-être pas fait exactement cette tirade, mais je leur ai tenu tête, et je l'ai fait avec d'autant plus de force que, dans mon combat, j'ai obtenu du renfort…

Pour cela, je suis allée en Alsace consulter à nouveau Bernadette :

— Ne t'inquiète pas, Nathalie, tu vas avoir un très beau bébé, me dit-elle, concentrée sur les ondes qu'elle sent vibrer en moi et qu'elle décrypte… Et ton mari, qui est tellement inquiet actuellement, qui te met tellement la pression, lorsqu'il prendra ce beau bébé dans ses bras, lorsqu'il verra sa maman tellement heureuse, tellement épanouie, il aura vite oublié ses craintes, tu verras… Entre nous, ce beau bébé, je vois que ce sera…

— Un garçon ?

— Oui, un garçon !

Le plus beau des petits garçons.

Tom est né le 5 décembre 2003. Ce jour merveilleux – l'accouchement, sous césarienne, s'est plutôt bien passé ; le gynéco en convient – fait désormais de nous une vraie petite famille : quatre chemins de vie qui, dans le fond de mon cœur, n'en font qu'un.

# Des yeux qui voient à votre place

Drôle d'endroit pour une rencontre : un plateau télé.

En 2008, je suis l'invitée de « La méthode Cauet », sur TF1. Sébastien Cauet, ayant bien préparé son émission, sait que je m'intéresse à la voyance, et que c'est mon anniversaire. En guise de cadeau, il a invité un voyant parmi les plus connus et respectés de France : Claude Alexis.

D'emblée, de bonnes ondes passent entre nous. Je suis sensible à la douceur et à la sincérité avec lesquelles Claude s'exprime en plateau. J'apprécie ce qu'il dit de sa pratique, le souci qui est le sien de se mettre respectueusement, et honnêtement, au service de celles et ceux qui font appel à lui.

L'émission terminée, nous faisons plus ample connaissance. Claude en vient à me parler de théâtre. Plus exactement, Claude me dit :

— Je te vois sur scène, tu vas faire du théâtre.

Entendre cela me fait sourire.

Si, il y a longtemps, j'ai pris quelques cours de comédie, si j'ai joué dans quelques sitcoms, si, durant huit saisons, les téléspectateurs ont pu me voir dans la série *Sous le soleil*, toute cette expérience ne fait pas de moi une comédienne de théâtre. Bien sûr, le théâtre fait rêver, mais je ne peux imaginer accéder à un tel exercice sur scène ; ce monde me paraît inaccessible, réservé à une élite. Ce soir-là, je ne peux croire que les mots de Claude ont un sens. Et pourtant...

Deux ans plus tard, je suis invitée par Muriel, mon agent et amie, à l'accompagner à un festival d'humour qui se déroule à Porto-Vecchio.

Je ne sais pas pourquoi, mais je refuse ; et Muriel n'insiste pas.

À peine ai-je raccroché que je me dis que c'est tout de même idiot de refuser un séjour au soleil, où je pourrai assister à des spectacles. Et puis, une petite voix me dit que ce voyage me serait salutaire...

Quelques jours plus tard, donc, je rappelle Muriel :

— C'est encore possible de venir avec toi en Corse ? Tu sais, finalement, je pense que je dois y aller !

Me voilà sur l'île de Beauté, dans ce festival de l'humour où, lors d'un déjeuner, je rencontre un acteur et auteur de théâtre que je connais bien : Alil Vardar.

Alil me parle de son prochain projet et me lance :

— Je cherche une comédienne pour jouer en duo avec moi, j'aimerais que ce soit toi !

Alil me confie son manuscrit, je rentre en métropole avec ce texte dans mes bagages, ne pouvant m'empêcher de penser que j'avais finalement bien fait de suivre mon intuition, et les signes envoyés du Ciel, en me rendant à ce festival.

Six mois plus tard, je fais mes débuts à Paris, au théâtre de la Grande Comédie, dans la pièce *Un couple parfait... enfin presque !* qui va tenir l'affiche quatre mois durant.

Dès notre première rencontre, Claude avait donc vu juste : le théâtre était sur mon chemin de vie ; seulement, je ne le savais pas... Heureusement, mes âmes, mes guides et mon ange gardien étaient là pour me mettre sur ce chemin.

Selon moi, c'est exactement cela, un voyant : des yeux qui voient à notre place lorsque les nôtres sont voilés, perdus, lorsqu'ils ne savent pas ou ne veulent pas voir, ou lorsqu'ils ont peur de voir.

Alors, bien sûr, il y aura toujours des incrédules pour me dire, d'un air un peu narquois : « C'est quand même bien étrange, ça, des yeux qui voient à votre place. Et, en plus, ce qu'ils voient, ce n'est pas ce qui se trouve devant vous, concrètement, mais ce qu'il y a derrière vous, dans votre passé ; ou loin devant, dans votre avenir. Ce sont les yeux d'un être surnaturel, dites-moi ! Moi, tant qu'à chercher de l'aide lorsque je suis paumé, je préfère m'adresser à un psy. Au moins, c'est quelqu'un qui a fait des études, qui détient un savoir non pas fondé sur le vide, mais sur la science... »

Que répondre à cela ?

Chez le psy, je n'y suis jamais allée, je n'ai donc pas fait de tests comparatifs.

Ce qui est certain, c'est que, dans la vie, on a tous des moments où l'on ne va pas très bien, où l'on ne sait plus où on en est, d'où on vient et où on va. Pour y voir plus clair, on a besoin d'être aidé. Alors, que l'on aille consulter un psy ou un voyant, après tout, seul le résultat compte.

Moi, qui ai choisi la voyance – plus exactement : moi, que la voyance a choisie –, je n'ai aucun argument à mettre en avant autre que celui de mon expérience personnelle.

Je ne prêche donc pour aucune paroisse.

La voyance a toujours su me procurer l'aide que je cherchais, à savoir une vision, un éclairage...

La voyance, c'est un peu ma lampe de poche : lorsque je traverse un passage un peu obscur, je l'allume.

La lumière que m'a apportée Claude m'a amenée jusqu'aux scènes de théâtre. Et Claude n'a cessé d'éclairer mon parcours professionnel.

Le métier étant ce qu'il est, il peut arriver que le téléphone ne sonne pas pendant quelques semaines, voire quelques mois. Difficile alors de ne pas s'inquiéter, de ne pas broyer du noir. On s'imagine qu'on ne plaît plus. Que, ça y est, le métier nous a oubliés, que jamais plus le téléphone ne sonnera...

Lorsque je me retrouve dans cette situation, je peux vous dire que je n'attends pas très longtemps avant d'appeler Claude pour prendre rendez-vous avec lui.

Il me reçoit.

Nous nous asseyons l'un en face de l'autre et restons un instant sans rien dire. Et, chaque fois, Claude commence par me demander ma date de naissance.

Je sens que nos deux êtres se mettent alors au diapason, sur la même longueur d'onde.

Claude, étant naturellement connecté, n'a pas besoin de se concentrer. Et moi, je suis dans un état de totale confiance, presque d'abandon : je ne dissimule rien des pensées, des émotions, des angoisses qui sont alors les miennes.

Claude prend la parole.

Les quelques mots qu'il me dit alors, de sa voix posée, rassurante, touchent toujours, précisément, à ce pour quoi je suis là. Ayant eu comme une sorte de flash, Claude a identifié le point sombre de mes préoccupations du moment. Je commence déjà à aller mieux, à y voir plus clair…

Claude complète ensuite son investigation à l'aide de différents jeux de cartes.

Avec le temps, j'avoue que j'aurais pu m'intéresser d'un peu plus près à ces cartes – ces arcanes – porteuses de tant de significations, essayer de comprendre un peu le secret de leur manipulation, comment s'effectuent les tirages…

Si je ne l'ai pas fait, c'est que l'inconnu et le mystère ne me dérangent pas. Mieux que ça : ils me rassurent ; j'aime, et je recherche, leur présence et leur intervention dans ma vie. Je sais que je suis alors reliée au monde d'où l'on vient, où résident nos âmes, et qui nous gouverne.

Alors, Claude, je ne me lasse pas de le regarder manier ses cartes avant de me les donner à couper. Claude en tire alors 8, ces 8 cartes représentant les 8 lettres de mon prénom.

Par la suite, je vais tirer d'autres cartes qui vont venir recouvrir les précédentes, et cela, jusqu'à épuisement du paquet.

Voilà comment ça se passe, invariablement. Claude, avec ses flashs et lisant dans ses cartes, a su éclairer mon chemin tellement souvent !

Dans le domaine professionnel, notamment : le téléphone qui sonne pour me faire une proposition à la télévision ou au théâtre, on pourrait dire – le voyant a aussi des oreilles ! – qu'il l'entend toujours avant moi !

Tout comme il a vu ce qui allait se passer pour moi au théâtre !

Dans ses prédictions pour l'année 2020, il m'annonce mon retour sur les planches. Une nouvelle que j'accueille, bien sûr, avec beaucoup de joie – le théâtre a été une révélation, un bonheur ; je ne souhaite qu'une chose : remonter sur scène ! –, mais aussi avec une certaine réserve...

— Mon retour sur les planches ? J'aimerais bien. Encore faudrait-il qu'on me fasse des propositions...

— Ne t'en fais pas, me répond Claude, elles vont arriver, les propositions... J'en vois plusieurs, et celle-ci en particulier : une jolie pièce, avec un rôle pour toi, dans lequel tu seras parfaite. Seulement, je dois te le dire, il y a quelque chose de bizarre... La pièce marche, la critique est bonne et le public est au rendez-vous. Pourtant, subitement, je ne comprends pas, elle s'arrête...

La jolie pièce, c'est *Double jeu*, une comédie à suspense de Brigitte Massiot, que je joue au théâtre du Gymnase Marie-Bell à partir du 5 février 2020...

Et c'est exactement comme Claude me l'avait dit : la critique est bonne, le public est au rendez-vous,

*Double jeu* est bien parti pour rester un moment à l'affiche à Paris, une tournée en province commence à se dessiner… Et puis, patatras ! Un terrible virus nommé « Covid-19 » vient tout arrêter. Terrible virus que Claude n'avait pas identifié, certes, mais dont il avait vu les effets sur mon activité théâtrale.

Ma pièce s'est arrêtée. Mais elle reprendra, me dit Claude.

Je le crois, bien sûr. Et, surtout, j'espère que ce sera aussi le cas pour tous les spectacles joués dans les théâtres de France en ce triste mois de mars 2020…

Un jour, nous en aurons fini avec la pandémie, nous l'aurons vaincue, la vie reprendra, les jours heureux reviendront… Nous retournerons au théâtre… Je remonterai sur scène…

— Après *Double jeu*, tu vas jouer avec une tête d'affiche. Ce sera une pièce avec cinq personnages, qui se jouera à Paris, avec succès, et qui partira en tournée, m'a prédit Claude.

Une tête d'affiche, cinq personnages… Durant le confinement, j'ai eu le bonheur de signer pour *Les Tontons farceurs*, une pièce avec Philippe Chevalier, où nous sommes effectivement cinq sur scène…

Septembre 2020 : mon arrivée dans la bande de Cyril Hanouna, ça aussi, c'est quelque chose que Claude a vu !

Deux jours avant que Cyril me propose de le rejoindre, dans « Touche pas à mon poste », Claude me dit, comme ça, au détour d'une rencontre, que Cyril me voit à ses côtés.

Moi, ça me paraît tout de même bien peu probable.

Certes, au cours des deux saisons précédentes, je suis déjà intervenue comme chroniqueuse auprès de Valérie Bénaïm dans « C'est que de la télé ! » Mais « TPMP », c'est autre chose... Cyril a autour de lui ses chroniqueurs historiques. Ils sont tous très appréciés du public, extrêmement talentueux et parfaitement aguerris. Cyril n'attend certainement pas après moi... Ça, c'est ce que je croyais ; et Claude, naturellement, a vu tout le contraire.

Vous le voyez, rien n'échappe à Claude, et pas seulement dans ma vie professionnelle !

Les tracas du quotidien, il les voit aussi !

Ceux sans grande importance, comme une banale fuite d'eau, par exemple.

Lors de cette même rencontre, en septembre, Claude me dit de fermer mon robinet. Je me moque gentiment de lui en lui rétorquant que je n'ai pas l'habitude de le laisser ouvert !

Quinze jours plus tard, l'appartement que je loue est inondé : les locataires, partis en vacances, ont oublié de fermer un robinet !

Et, bien sûr, les plus graves.

Lors de cette même occasion, avec beaucoup de tact, Claude m'a annoncé que l'un de mes enfants allait avoir un accident :

— Est-ce Tom ? Est-ce Lou ? Malheureusement, je ne le vois pas... Mais je te rassure tout de suite, ce n'est qu'un accident matériel. Assez violent, mais uniquement matériel. Surtout, ne t'affole pas, que ce soit Tom ou Lou, ton enfant s'en tire sans une égratignure.

Et c'est Tom, mon fou du volant, qui, quelques jours plus tard, malgré tous mes conseils de prudence, a cet accident. Heureusement, conforme à ce que Claude a vu : la voiture est pliée, irrécupérable, mais mon Tom est indemne, protégé par l'ange qui veille sur lui et que, mon Dieu, je remercie.

Claude ne m'annonce donc pas que de bonnes nouvelles, et c'est tant mieux, car la voyance n'est pas là pour vous peindre la vie toute en rose, mais telle qu'elle est – avec ses couleurs vives, ses couleurs sombres, ses réussites et ses échecs, ses joies et ses peines...

Ainsi, c'est Claude qui, quelque temps avant qu'il ne se produise, m'a prévenu du drame qui, en 2019, est venu endeuiller la famille des Miss France :

— Nathalie, je dois te dire que tu vas apprendre, un jour, une triste nouvelle concernant une ancienne Miss France. Quelqu'un que tu aimes beaucoup va connaître une mort tragique.

Quelque temps après, Gaëlle Voiry, Miss France 1990, était percutée par un chauffard alors qu'elle circulait à bicyclette : elle décède suite au choc.

Et ce qui ne cesse de m'étonner dans le travail de Claude, c'est l'extrême précision que peuvent avoir certaines de ses prédictions.

Ainsi, lorsqu'il m'a annoncé que mes parents allaient bientôt déménager, j'ai été sceptique : mes parents ne vont pas déménager à nouveau alors qu'ils viennent de retourner vivre en Alsace, près de ma sœur et de leurs amis. Ils ont passé l'âge des coups de tête et, du reste, ils ne m'ont jamais parlé d'un tel projet ! Ensuite, parce que Claude va jusqu'à me préciser qu'il voyait mes parents s'installer tout près de chez moi, à quelques kilomètres seulement, moins de cinq...

Aujourd'hui, effectivement – Claude avait bien vu ! –, la maison de mes parents se trouve à trois kilomètres de la mienne !

Et puis, il y a les enfants.

Claude m'aide aussi, bien sûr, dans mon rôle de maman, je précise : de maman poule, toujours inquiète pour ses petits, ultra-protectrice ; de maman soucieuse de leur donner la meilleure éducation et de les voir accomplir – contrairement à elle ! – des parcours scolaires exemplaires.

À sa manière, c'est-à-dire à travers ses flashs et dans les cartes, Claude a vu grandir mes deux trésors.

Tom devait avoir 10 ou 11 ans lorsque Claude, que j'étais allée voir pour tout autre chose que les enfants, me fait part, justement, de ce flash qu'il a eu :

— Ton fils, oh mais je vois..., il adore la vitesse, ce garçon... Je le vois pratiquer un sport, un peu dangereux, où c'est le plus rapide qui gagne.

Et Tom, quelque temps plus tard, a commencé le karting. Il s'est ensuite lancé dans la course automobile, d'abord sur glace, puis sur l'asphalte, avec son grand frère Olivier, en Fun Cup. Tout récemment, à l'issue d'un stage d'initiation, il a été sélectionné en Formule 4. Fera-t-il carrière dans ce sport ? L'avenir – ou plutôt Claude – nous le dira !

Récemment, Lou m'a accompagnée sur le tournage d'une émission de télévision sur la vie des anciennes Miss France, émission à laquelle participait également Claude, puisque, vous l'imaginez bien, ayant à parler de ma vie, j'allais forcément parler de la voyance, et donc de Claude Alexis...

Lou, à cette occasion, rencontre Claude pour la première fois.

Je les regarde se dire bonjour, j'entends Lou dire à Claude qu'elle est ravie de faire enfin sa connaissance, elle a si souvent entendu parler de lui et, avec ce naturel qui n'appartient qu'à elle, Lou ajoute :

— Bon alors, au sujet de mon avenir, est-ce que je peux vous demander ? Vous voyez quoi ?

Claude sourit et la regarde longuement. Lou, qui d'évidence n'a pas posé sa question à la légère, reste suspendue à ses lèvres...

— C'est marrant, je vois plein de couleurs autour de toi, lui dit enfin Claude, je vois du dessin, de la création... Tu vas évoluer dans cet univers-là. Un univers qui va te permettre de pas mal voyager. Et où tu vas réussir.

Pendant que Claude parle, je vois les yeux de ma fille s'écarquiller, son visage se décomposer.

Claude n'a pas terminé de lui dire ce qu'il avait à lui dire qu'elle se précipite vers moi :

— Maman, Maman, ça me fait peur, ça me fait peur, il voit en moi !

Je me suis alors souvenue de ma réaction lorsque la voyante, à Mulhouse, a annoncé à l'ado que j'étais qu'elle allait devenir « la plus jolie fille de France » : je ne l'avais pas prise au sérieux, je lui ai même pratiquement ri au nez.

Avoir affaire, pour la première fois, à quelqu'un qui, comme ça, vous donne l'impression de s'être immiscé dans votre vie, est une expérience troublante. La peur ou le rire sont alors des réactions instinctives de protection face à l'inconnu, à l'inexplicable.

Beaucoup en restent là. Ils rejoignent le camp des sceptiques, voire celui des « franchement hostiles », pour qui la voyance n'est qu'une activité d'escrocs, un piège à gogos.

Lou reviendra-t-elle un jour vers un voyant ou une voyante ? Impossible de le dire. Ce que je sais, c'est que c'est là un sujet sur lequel je ne veux pas intervenir. Pour preuve : sa rencontre avec Claude Alexis était un pur hasard... Je dis ça, en même temps, nous le savons tous : il n'y a pas de hasard, il n'y a que des rendez-vous.

Si un jour Lou ressentait le besoin d'aller consulter un voyant, ce serait parce que la voyance est inscrite dans le parcours de sa vie, et que le moment de la rencontre serait venu.

Tout est écrit, je le répète. Et la voyance se trouve là, dans ce qui est écrit, pas à côté, pas au-dessus, comme on l'imagine parfois...

La voyance n'est qu'un outil que la vie a mis sur votre chemin, libre à vous de vous en servir ou non...

La voyance, c'est un peu, vous savez, comme cette loupiote avec laquelle, enfant, on lit le soir, en cachette, dans son lit : la voyance est la loupiote qui nous aide à lire le livre de notre vie.

# « Aide-toi, le Ciel t'aidera »

*Médium* : c'est un mot que je n'ai pas encore beaucoup utilisé, tout simplement parce que le mot de *voyante* me vient plus facilement. Pourtant, vous vous souvenez, pour moi, tout a commencé par une plaque sur un mur :

« *Madame X. Médium* »

« En tant que médium, je pense être un transmetteur de ce que “là-haut” on m'autorise à dire. La destinée est écrite, mais attention, je suis aussi fervente du vieil adage : “Aide-toi, le Ciel t'aidera.” »

Ces propos sont de mon amie Catherine Cavaya. Ils correspondent exactement à la manière dont, selon moi, un bon voyant, ou un bon médium, doit envisager sa pratique.

Nous nous sommes rencontrées, Catherine et moi, il y a quelques années, au Salon des arts divinatoires, de la forme et du bien-être, endroit où j'invite toutes celles et tous ceux qui n'ont jamais osé pousser la porte d'un voyant ou d'un médium, à se rendre. Ils y trouveront des informations, ils y feront des rencontres qui leur permettront de se faire une idée plus juste de ce que sont véritablement les arts divinatoires.

Voyance, astrologie, cartomancie, chiromancie, graphologie, numérologie, géomancie, radiesthésie, magnétisme, médiumnité... Il y a, dans ce domaine comme partout ailleurs, des individus peu scrupuleux, des charlatans.

Mais il s'y trouve également des personnes remarquables, dont le don est indiscutable, et la manière qu'elles ont de le mettre au service des autres, irréprochable.

Catherine, évidemment, en fait partie.

Elle est une voyante extrêmement délicate et précise.

C'est elle qui, par exemple, m'a annoncé que Jean-Pierre prendrait sa retraite du « 13 heures » avant ses 71 ans. Une retraite qui ne serait pas synonyme de farniente, car Jean-Pierre serait toujours très actif, en continuant à faire son métier de journaliste et notamment en écrivant un livre…

C'est elle qui, me concernant, me voit participer à une émission où l'on danse… Mais ce n'est pas « Danse avec les stars ». Catherine me parle d'une très belle émission où, oui, il y a de la musique, de la danse, où le corps est très important, avec aussi la présence de médecins… Eh bien, cette émission que l'on va effectivement me proposer quelque temps plus tard, c'est « Stars à nu ».

C'est Catherine, encore, qui m'a laissé comprendre que j'allais me lancer dans l'écriture d'un livre sur un sujet qui me tenait particulièrement à cœur et dont, jusqu'ici, je n'avais jamais parlé. Ce livre, vous êtes en train de le lire.

C'est Catherine, toujours, qui me voit travailler, dans quelques mois, loin de la France, sur la mer, un bateau, dans un paysage paradisiaque… Et, peu de temps après, je rencontre un producteur qui me propose de tourner une émission en Polynésie, où je pratiquerai ma passion, la plongée, pour sensibiliser le public à la nécessité de préserver la beauté et la biodiversité du monde sous-marin dans cette région du Pacifique Sud.

Outre son formidable don de voyance, Catherine a celui de médium. La voyance se pratique à partir d'un support, par exemple le tarot de Marseille ; la médiumnité, elle, a juste besoin de votre présence.

Catherine est, comme Claude Alexis, ce que l'on appelle un « médium pur ». C'est-à-dire qu'elle est capable de percevoir des éléments de votre passé, de votre présent ou de votre futur, que vous vous trouviez physiquement auprès d'elle ou seulement en écoutant votre voix, simplement au téléphone.

Et puis, Catherine peut entrer en communication avec vos défunts, vous transmettre leurs messages.

Vous imaginez ce que cela représente pour moi, quel bonheur j'ai de pouvoir parler avec elle de cette part secrète et tellement importante de ma vie. Et non de ces sourires moqueurs, ou condescendants, auxquels on est si souvent confronté lorsqu'on se permet de dire, en toute sincérité : « Je communique avec mes morts. »

Au sujet de la médiumnité, plutôt que d'un don, Catherine parle d'une « faculté de se mettre à l'écoute, de ressentir ». Il y a, dans notre environnement, tous les signes que nous envoie le vivant, mais il y a aussi les signes qui nous sont envoyés de là-haut, de l'au-delà : le monde des morts. La médiumnité, c'est la faculté de capter ces signes-là. Une faculté que Catherine a développée au point d'être capable de l'exercer au service des autres. Son don, son art, elle ne le pratique pas avec des cartes, mais avec son stylo ; elle est messagère par l'entremise de l'écriture automatique.

Être, sur Terre, un intermédiaire entre les vivants et les morts, telle est la mission que Catherine, comme Claude, s'est vue confier par le Créateur. Une mission qu'ils accomplissent, l'un et l'autre, avec beaucoup de talent, de sérieux, d'humanité. Quelle chance j'ai de les avoir rencontrés !

Je ne communique, moi, qu'avec *mes* morts.

Jamais, une seconde, je n'ai songé à élargir le cercle.

Si je ne l'ai pas fait, c'est que ce n'était pas là mon histoire...

Je crois que chacun arrive sur Terre avec une mission à accomplir au bénéfice de son prochain.

Après bien des années d'interrogation, je crois avoir aujourd'hui identifié celle qui m'incombe : être un personnage public – forcer, pour cela, mon manque de confiance en moi ! –, un personnage public qui apporte du rêve, le sourire, la bienveillance...

À l'exemple de Catherine, de Claude, j'espère bien honorer le rôle qui m'a été confié.

# Mes morts m'ont parlé

Un coup de déprime. Un bon gros coup de déprime, comme il en arrive à tout le monde.

Vous, je ne sais pas, mais moi, dans ces cas-là, je me réfugie dans mon canapé, devant la cheminée, avec mon jus de citron, mes cigarettes et mes larmes… « Pleure un bon coup, et ça ira mieux », comme on dit…

Sauf que moi, non, cela ne me suffit pas.

Il faut que je parle à mes âmes, à mon ange gardien. Il faut que je leur demande pourquoi je ne vais pas bien, et il faut qu'ils me répondent, c'est surtout cela dont j'ai besoin : de les entendre.

Ce soir-là, c'est à Geneviève, ma grand-mère maternelle, que je m'adresse en particulier : cela fait longtemps que je n'ai pas entendu sa voix, j'ai l'impression qu'elle me délaisse.

Il faut dire que, depuis sa mort, Geneviève occupe une place très importante dans ma vie. Parmi mes âmes, elle est celle avec laquelle j'entretiens la relation la plus proche et la plus forte. Bien sûr, mes âmes, je les aime toutes du même amour, qui est un amour indestructible, absolu ; mais avec Geneviève, il y a un petit quelque chose en plus...

Je ne l'ai appris qu'après sa mort, par ma mère : Geneviève ne manquait jamais le « 13 heures » de Jean-Pierre. Si elle devait s'absenter, elle l'enregistrait pour le regarder à son retour, et elle conservait précieusement les cassettes.

Geneviève était une grande fan de Jean-Pierre.

Elle est morte le 29 mai 2001, et, en décembre, je rencontrais Jean-Pierre. Je ne peux m'empêcher de croire que, sans Geneviève, ce moment miraculeux de ma vie ne se serait pas produit. Geneviève m'a mise sur le chemin de Jean-Pierre, je suis persuadée de cela, oui.

Enfin, ce soir-là, je suis tellement mal que je m'adresse à elle de manière presque agressive :

— Mais enfin, Mamie, où es-tu passée ? Tu es là ? Tu es toujours là, près de moi ? Mais tu ne me dis plus rien ! Je n'entends plus ta voix ! Mamie, prouve-moi que tu es là ! Si tu es là, prouve-le-moi !

J'ai beau m'énerver, supplier, me lamenter : aucun signe, aucune voix, même lointaine, rien ne se produit.

Ayant pleuré tout mon soûl, je vais me coucher.

Le lendemain matin, à mon réveil, je trouve sur mon téléphone un texto qui me dit : « *Bonjour Nathalie, nous connaissons votre intérêt pour les arts divinatoires. Nous voudrions vous présenter quelqu'un d'extraordinaire qui a le don d'entrer en contact avec les morts. Merci de nous contacter au...* »

Vous m'imaginez lisant cela après la nuit que j'ai passée !

Venir me parler de « quelqu'un d'extraordinaire qui a le don d'entrer en contact avec les morts », alors que moi, mes morts, avec qui je parle depuis des années, sont en ce moment aux abonnés absents ; il y a de quoi enrager !

Je m'emporte et puis, dans la journée, m'étant un peu calmée, j'appelle la personne qui m'a envoyé ce texto tout de même très intrigant...

On me parle de Bruno. Le « quelqu'un d'extraordinaire qui a le don d'entrer en contact avec les morts », c'est lui.

On me dit que Bruno présente, sur YouTube, des vidéos absolument fascinantes où on le voit établir une conversation entre une personnalité, ses morts et lui...

On me propose de tenter l'expérience.

Je n'éclate pas de rire, mais c'est tout comme.

Ma relation avec les morts – ou plus exactement avec *mes* morts – est une affaire tout à fait personnelle. Je ne l'expose pas, je n'en parle qu'à mes proches.

Mon interlocuteur insiste, cependant. Il m'invite à visionner sur YouTube quelques-unes des vidéos que Bruno a déjà réalisées avec certaines célébrités ou des anonymes.

Ce que je fais. Et alors là... je suis bluffée !

Les séquences se déroulent chaque fois en extérieur. Bruno rencontre la personne dans la rue. Elle et lui se saluent, échangent deux trois banalités ; et puis, très vite, Bruno se met à écouter quelqu'un d'autre, qu'on ne voit pas, qui n'est pas là...

C'est un mort que Bruno écoute, un mort qui a un lien avec la personne qui est venue le rencontrer. S'ensuit une étrange et fascinante conversation entre Bruno, le défunt et cette personne.

Que dois-je croire ? Que tout cela est absolument authentique, que cet homme, Bruno, est effectivement quelqu'un d'extraordinaire ? Ou bien que ces vidéos sont des arnaques ; et leur réalisateur, un charlatan, un mentaliste ?

Pour le savoir, je n'ai pas d'autre possibilité que celle de me prêter, moi-même, à l'expérience. Je finis donc par répondre favorablement à l'invitation qui m'a été faite. Simple curiosité ou… ?

Un rendez-vous avec Bruno et sa petite équipe de tournage m'est proposé. Au moment où je l'inscris dans mon agenda, je me rends compte qu'il y a là comme une coïncidence, une coïncidence tout de même bien étrange…

Hier soir, j'ai désespérément tenté d'entrer en contact avec mes âmes, et avec Geneviève en particulier. En vain.

Ce matin, je reçois cette invitation à rencontrer quelqu'un qui entre en contact avec les morts…

Qui me l'a envoyée, cette invitation, ce texto ?

Et si c'était Geneviève ?

Geneviève qui, malgré l'état de détresse dans lequel je me trouve, n'a pas répondu à mon appel, mais Geneviève dont je ne peux imaginer un seul instant qu'elle me laisse tomber. Avec ce texto, elle me met en relation avec quelqu'un qui parle avec les morts.

C'est avec cette idée en tête que je me rends à mon rendez-vous. Idée qui, au moment de partir, m'a fait glisser dans ma poche l'objet qui me relie à Geneviève, le seul et l'unique en ma possession : sa montre. Habituellement, elle est toujours posée sur mon chevet, je ne la porte jamais, elle ne fonctionne plus, et j'ai trop peur de la perdre.

Et puis, j'ai demandé à Muriel de m'accompagner – Muriel qui est ma meilleure amie, ainsi que mon agent.

Nous retrouvons sur place l'équipe de tournage, mais Bruno n'est pas présent. Je m'inquiète de son absence, on me rassure : « Il va arriver, il préfère ne pas vous voir en amont… »

Effectivement, Bruno apparaît bientôt, comme venu de nulle part.

Comme le font deux personnes qui se rencontrent pour la première fois, nous nous serrons la main et échangeons quelques amabilités. Puis, très vite, Bruno m'amène sur un autre terrain :

— Oh, mais il y a du monde autour de vous, dites-moi ! Ils sont nombreux à souhaiter vous parler… Votre famille a connu beaucoup de misère ; mais, cette misère, vous l'avez transformée en quelque chose de merveilleux… Ils me disent que vous avez un objet sur vous… Votre grand-mère maternelle, c'est elle qui me parle. Elle me dit que vous êtes très liées et que vous communiquez souvent, que vous avez, l'une comme l'autre, ce besoin d'échanger fréquemment.

Bruno voit ma grand-mère pleine de lumière, il voit qu'elle m'éclaire…

Pour moi, cela confirme ce que je ressens depuis toujours : ma grand-mère est présente à mes côtés chaque fois que je l'appelle. Et aujourd'hui, à travers Bruno, je suis envahie de bonheur.

— Elle me dit, reprend Bruno, que ça lui fait plaisir, cet objet que vous avez apporté, car c'est un objet qui lui appartenait et que vous avez précieusement conservé… Vous ne le portez pas là où il est fait pour être porté, mais il ne vous quitte pas.

Imaginez mon émotion lorsque j'entends cet homme me dire ces mots, cet homme que je rencontre pour la première fois et qui est censé ne rien connaître de ma famille !

Cela ne fait que quelques minutes que nous sommes ensemble, mais ça lui a suffi pour entrer en communication avec mes âmes.

À cet instant, j'en suis convaincue, c'est Geneviève qui m'a conduite vers cette rencontre. Bruno, je peux en toute confiance l'écouter ; à travers lui, ce sont mes âmes qui me parlent, et Geneviève en particulier.

— Geneviève qui, entre nous, a toujours été très bavarde, souligne Bruno.

Il m'en fait un portrait – une femme élégante, coiffée d'un chignon impeccable, parfaitement maquillée, portant des gants, une femme très vivante et volubile – à travers lequel je la retrouve tout à fait.

Et Bruno me dit qu'elle lui parle d'un homme, en habit de prêtre… Effectivement, son frère, mon grand-oncle, était curé.

Bruno nous voit ensemble lorsque j'étais enfant… Il me décrit un lieu où sont disposées cinq dalles et où nous nous rendions régulièrement… Il parle de balayette et d'eau…

Ce lieu, je le revois à la seconde même où Bruno l'évoque, c'est le cimetière où sont enterrés les parents de ma grand-mère, ses deux maris, son frère. Régulièrement, je nettoyais les tombes avec la fameuse balayette, et Geneviève arrosait les fleurs.

Bruno me dit que Geneviève tient absolument à lui faire savoir qu'elle est fière de moi, de la femme et de la maman que je suis devenue… Geneviève se félicite de l'éducation, assez stricte, que j'ai choisi de donner à mes enfants : elle dit à Bruno que j'ai bien fait d'écouter et d'appliquer ses conseils, car mes enfants disposent à présent de tout ce qu'il faut pour réussir dans la vie.

En écoutant Bruno, j'ai l'impression de me trouver face à un ami qui revient d'un voyage lointain et qui, là-bas, au bout du monde, a rencontré quelqu'un qui me connaît et qui lui a parlé de moi… Bruno voyage entre les vivants et les morts, entre les uns et les autres, il fait le messager.

Et Geneviève lui en raconte, des choses – décidément aussi pipelette que dans la vie !

C'est un peu toute l'histoire de la famille que Bruno me rapporte…

La mort brutale d'un grand-père, l'année où je suis née.

Et Bruno, d'un coup, me dit :

— Il y a aussi Ma, Ma…

— Marguerite ?

Ma grand-mère Marguerite qui a longtemps reproché à notre famille de l'avoir fait hospitaliser. La pauvre, elle souffrait le martyre, mais refusait obstinément de se rendre à l'hôpital. C'est vrai que nous avons tout fait pour qu'elle puisse être prise en charge par des médecins et que ceux-ci fassent tout ce qui était en leur pouvoir pour qu'elle s'en aille le plus dignement possible. Marguerite nous en a longtemps voulu, je le savais, elle me l'avait dit, mais là, à Bruno, elle fait savoir que maintenant c'est fini, elle a passé l'éponge, comme on dit, elle a compris que c'est par amour que nous avons agi, par amour seulement, et elle nous en remercie.

Et puis, Bruno m'embarque dans une histoire à laquelle je ne comprends rien… Il y est question de bateau, justement. Un genre de *Titanic*… Est-ce un iceberg ? Est-ce la tempête ? Bruno n'en est pas très certain, mais ce qu'il voit, c'est que le bateau fait naufrage et que, parmi les rares survivants, il y a une personne de ma famille… Un homme qui réussit à nager durant des heures pour atteindre le rivage… J'écoute Bruno, cette fois franchement dubitative.

Après le tournage, j'appelle mes parents. Je leur raconte tout ce qui s'est passé avec Bruno, ce contact formidable qu'il a établi avec nos défunts, l'exactitude de tout ce qu'il m'a rapporté, exception faite de cette histoire de bateau qui coule et de ce passager qui réussit à nager et à s'en sortir miraculeusement… Et là, mon père me répond que cette histoire n'est pas bizarre du tout, mais parfaitement authentique : son père – il ne me l'avait jamais raconté – a survécu à un naufrage.

Et voilà Bruno qui me dit que Geneviève lui montre un objet… C'est un miroir sur pied, assez ancien. Cet objet me parle, bien sûr : c'est l'unique objet dont j'ai souhaité hériter à la mort de Geneviève, ce miroir devant lequel je l'avais si souvent vue se maquiller, se coiffer…

Je rétorque à Bruno que je m'en veux, car le miroir est fêlé tout du long. Bruno me précise qu'il y a également une autre fêlure du côté droit ; effectivement.

Ce miroir qui est aujourd'hui posé chez moi, et qui est sans doute l'objet, dans cette maison, auquel je tiens le plus.

Voilà Bruno qui, à propos d'objet, revient sur cette montre dont il a été question au tout début de notre rencontre… La montre de Geneviève, qui, avec le temps, ne fonctionne plus, bien sûr, qui est arrêtée. Et ça, me dit Bruno, Geneviève, ça ne lui plaît pas du tout ! Il faut que je la fasse réparer ! Elle a seulement besoin d'être un peu dépoussiérée, et elle repartira ! Le temps, on ne l'arrête pas comme ça ! Bon, quelques jours plus tard, petite fille obéissante, j'apporte la montre de Geneviève au bijoutier, tout en n'étant pas certaine qu'il puisse faire quelque chose, la pensant très ancienne... Le bijoutier l'ouvre, l'examine, il en change la pile, et aussitôt les aiguilles se remettent à tourner... La montre de Geneviève remarche, comme si le temps de sa vie ne s'était jamais arrêté ! Du coup, je fais aussi réparer son miroir !

Geneviève qui s'en va aussi raconter à Bruno qu'elle ne comprend pas du tout pourquoi Jean-Pierre et moi songeons à déménager : elle nous trouve très bien dans cette maison, elle ne voit pas pour quelle bonne raison on la quitterait. Même si, depuis des années, on nous ennuie avec un projet immobilier qui devrait se réaliser tout à côté de notre maison, on ne doit pas voir ça comme une menace : le projet ne se fera jamais, elle y veille personnellement... Une fois de plus, elle avait raison : le projet a avorté.

Le tournage se déroule sur ce rythme débridé. Bruno parle aussi vite que Geneviève. En moi, mille visions se bousculent, c'est comme un kaléidoscope de notre histoire familiale ; et mon cœur bat très fort.

Et puis, à un moment, je sens que mon amie Muriel – qui ne m'a accompagnée que parce que nous enchaînions avec un rendez-vous professionnel, qui n'a aucune adhésion à mes ressentis, à mes croyances, et qui depuis le début est restée près de moi, hors du champ de la caméra – est saisie par l'émotion. Je vois les larmes lui venir…

Bruno parle d'elle. Plus exactement, il rapporte ce qu'il entend que Geneviève dit d'elle :

— Je suis tellement contente que Nathalie ait une amie sur laquelle elle peut vraiment compter. Je suis tellement contente qu'elle ait dans sa vie cette femme blonde, qui vit et travaille tout près de chez elle. Cette personne en laquelle elle peut avoir totalement confiance, et avec laquelle elle rit beaucoup. C'est vraiment un cadeau de la vie que d'avoir une amie comme elle.

La personne dont Geneviève parle, c'est elle, c'est ma Muriel ! Muriel dont la maison se trouve effectivement dans notre jardin, en hauteur, car il y a un gros dénivelé. Muriel à qui j'ai toujours tout dit, et qui m'a toujours tout dit. Muriel qui est la marraine de Lou, qui est mon agent, et dont je peux dire – Geneviève a bien raison – que c'est une amie « à part ».

Le tournage se termine dans ce bain d'émotion qui nous submerge, Muriel et moi.

Les techniciens rangent leur matériel.

Bruno, lui, est encore en contact avec Geneviève. Il a donc encore des choses à me faire entendre…

Ce sont des choses un peu tristes.

Geneviève lui parle des circonstances de sa mort – un épisode particulièrement douloureux pour moi. Ma grand-mère Geneviève, à laquelle j'étais liée de manière si forte, que j'aimais tant, c'est en effet moi qui ai demandé aux médecins d'abréger ses souffrances.

Les médecins ont agi comme ils ont jugé pouvoir et devoir agir.

Ma grand-mère Geneviève s'est éteinte doucement, et j'étais là, auprès d'elle, lui tenant la main, lui parlant, posant un baiser sur son front, ouvrant la fenêtre, lorsqu'elle a rendu son dernier souffle, pour que son âme s'envole...

— Nathalie, Geneviève a un message pour toi. C'est la dernière chose, me dit-elle, qu'elle a à me confier aujourd'hui... Ce message, le voici : « *Nathalie, ma chérie, ne t'inquiète pas. Ce que tu as fait pour moi, lorsque je devais m'en aller, était une marque d'amour, tu as très bien fait, et je t'en remercie. Je te serre, je te garde sur mon cœur, comme quand tu étais petite fille, ma Nathalie chérie.* »

En me transmettant son message par l'intermédiaire de Bruno, Geneviève a fait en sorte que je puisse parfaitement entendre ce qu'elle avait à me dire, que je n'aie aucun doute sur la réalité de son message.

Outre son rôle de messager entre les vivants et les morts, le médium – et Bruno compte sans doute parmi les meilleurs – a aussi un rôle de témoin : le lien qui nous unit à nos défunts, il peut témoigner de son existence vibrante comme la vie.

Depuis cette rencontre avec Bruno, je me suis retrouvée à jouer les intermédiaires avec les autres, comme investie d'une mission. Il m'arrive régulièrement que des personnes que je viens de rencontrer abordent d'elles-mêmes le désarroi qui les habite, leur manque d'un être cher, leur besoin de le sentir près d'eux. Pourquoi me choisissent-elles pour évoquer leur douleur ? Qui les envoie sur ma route ?

Mes âmes, leurs âmes.

Je les rassure : elles ne sont pas seules, il ne leur manque que l'intermédiaire pour recréer le lien qui les unit.

Je les mets en contact avec Bruno, et tous me remercient de cet échange retrouvé avec leurs défunts.

Ne me remerciez pas, remerciez vos âmes.

# Le message de nos âmes

« On aura bien assez de temps dans la tombe pour dormir ! » S'il y a des gens, peut-être vous, qui voient les choses ainsi, ce n'est certainement pas mon cas.

Pour moi, passer un tiers de sa vie à dormir n'est pas du temps perdu, loin de là : durant le sommeil, ce n'est pas seulement mon corps qui se repose, mon esprit qui recharge les batteries, c'est aussi, et surtout, mon âme qui retrouve sa pleine existence.

Que fait-elle ?

Les quelque vingt mille nuits de sommeil que j'ai déjà passées – l'espérance de vie des femmes étant, en France, d'un peu plus de 85 ans, je compte bien en passer encore plus de onze mille ! – m'ont permis de me faire une petite idée…

Durant mon sommeil, mon âme voyage. Elle s'en retourne là-haut, au monde des âmes, dans sa famille ; et là, elle se ressource. Pour mon âme, le sommeil, c'est un peu ses vacances.

Elle en a bien besoin, avec ce que je lui fais subir à longueur de journée !

Comme tout un chacun, il m'arrive de l'ignorer, je ne l'écoute pas, je l'oublie.

Mais la vie est bien faite : les nuits sont là pour lui permettre de se recharger en énergie, de se refaire une santé !

En plein jour, l'envol de notre âme peut néanmoins être une sensation désagréable. Il m'arrive parfois, alors que je suis totalement détendue en institut de beauté, de commencer à m'assoupir. Mais la voix de la personne me prodiguant les soins me réveille précipitamment et j'ai la sensation horrible de tomber dans un trou. Je suis alors prise d'une grande panique, mon cœur se met à palpiter très fort et je me retrouve même déstabilisée physiquement, à la limite de chuter de la table de massage. L'explication ? C'est que mon âme n'a pas compris le sens de mon relâchement et qu'elle est revenue subitement en moi. Dans une telle situation, il faut simplement lui laisser le temps de reprendre sa place à l'intérieur de soi.

La nuit, nos âmes voyagent. Et nous, que faisons-nous ?

# La nuit, tout s'éclaire

Une nuit de 2014. Je vois la cabine d'un avion de ligne remplie de passagers du monde entier, des Occidentaux, des Africains, des Asiatiques surtout...

Tous ces gens pleurent, je vois couler sur leurs visages des torrents de larmes.

Puis, tout à coup, je vois le ciel, le ciel immense et vide : sans avion. Il a disparu, et tout le monde le cherche. Je vois des hélicoptères tournoyer au-dessus de la mer, je vois des bateaux de reconnaissance sillonner les flots, et des voitures équipées de gyrophares circuler à travers toutes sortes de paysages.

Et me voici, moi, là, sur un vélo, à chercher aussi !

Je pédale, je pédale, les mains rivées sur mon guidon, le regard en l'air, obstinée, interrogeant le ciel d'une voix désespérée :

« Mais où est-il passé, cet avion, où est-il passé ? »

Évidemment, le lendemain, lorsque je raconte mon rêve à Jean-Pierre, moi sur mon petit vélo, le nez en l'air, en train de chercher un avion disparu, cette image l'amuse beaucoup.

Deux ou trois jours plus tard, le 8 mars très exactement, le monde entier apprend la disparition du Boeing 777 du vol 370 de la Malaysia Airlines reliant Kuala Lumpur à Pékin. À son bord, 227 passagers et 12 membres d'équipage.

Un avion, dont à ce jour on n'a retrouvé que quelques débris, un accident qui reste comme le plus grand mystère de l'aviation commerciale...

À l'annonce de cette catastrophe, l'image de moi partie sur mon petit vélo à la recherche d'un avion disparu a cessé de faire rire Jean-Pierre. Comprenant que ce rêve presque comique que je lui avais raconté était, en fait, un rêve prémonitoire, il ne pouvait qu'être troublé.

Et moi, je l'étais plus encore.

Le sentiment que j'ai alors ressenti, qui m'a envahie, c'est celui de la culpabilité.

C'est complètement absurde, mais c'est comme ça : si cet avion a disparu, c'est à cause de moi.

« J'ai provoqué cette catastrophe. » Je me suis dit ça, et je n'ai pas fait que me le dire : je l'ai cru !

« Nathalie Marquay-Pernaut est la responsable de la disparition du vol MH 370. » C'est tout juste si je n'ai pas vu ce titre à la une des journaux ! Pendant un long moment, oui, je me suis laissé aller à croire à cette absurdité totale...

Pour qui fait des rêves prémonitoires, un tel sentiment de culpabilité est quelque chose d'assez courant.

Une catastrophe, ou un accident, s'est produite, et on l'a vu dans un rêve quelque temps plus tôt : le phénomène est terriblement dérangeant.

Vous subissez un choc émotionnel d'une telle violence qu'il vous conduit à vous sentir coupable, coupable non seulement de l'avoir fait, ce rêve, mais aussi du fait qu'il se soit réalisé.

Si vous avez un peu d'expérience, cette phase complètement ridicule, mais inévitable, ne dure pas très longtemps.

Très vite, vous vous souvenez que ce sont vos âmes qui sont à l'origine de tout cela.

Elles n'ont certainement pas souhaité vous rendre coupable de quoi que ce soit, elles n'ont certainement pas voulu vous plonger dans une émotion aussi négative : tout au contraire, elles ont voulu vous avertir d'un malheur qui allait venir – même si c'était un événement lointain, qui ne me concernait pas directement, cette disparition d'un avion de ligne en était un – pour vous permettre de mieux le supporter, de mieux le vivre.

Œuvre de nos âmes, les rêves ont pour mission d'adoucir les peines et les souffrances que la vie, immanquablement, nous inflige.

# Voir la mort pour mieux l'accepter

Des explosions de terre sombre, de branches et de feuilles, on dirait un champ de bataille durant la guerre de 1914-1918.

Je vois aussi des fleurs, comme dans un cimetière.

C'est un rêve sinistre, macabre.

J'essaie de m'en extirper, mais sans y parvenir.

Il y a maintenant cette image qui me retient, qui me happe : un trou, une tombe qui se creuse, profondément, de plus en plus profondément ; et, au fur et à mesure que cette tombe se creuse, l'espace autour de moi se resserre, s'assombrit, tout devient noir, je suis emportée dans les profondeurs de la Terre.

Cette fois, je trouve la force nécessaire pour m'extraire de ce rêve terrifiant.

Un rêve de mort, évidemment, et d'une telle puissance que, si la mort ne me concerne pas, moi, elle concerne un être proche, j'en suis persuadée.

Le matin, debout plus tôt que d'habitude, j'en parle à Jean-Pierre qui, lui, s'est levé comme chaque jour à 6 heures :

— J'ai fait un rêve de mort. Ça concerne un de nos proches, pas de la famille, mais de notre entourage... Et puis, j'ai vu ce nombre, le 11, et nous sommes le 11 janvier...

Jean-Pierre, comme chaque fois qu'il me voit ainsi secouée par un rêve mauvais, essaie gentiment de me tranquilliser.

Cela ne change, bien sûr, rien à ma certitude : la mort, dans peu de temps, va venir frapper quelqu'un de notre entourage...

Ce rêve me l'a annoncé, puis je l'ai annoncé à Jean-Pierre, et je pense devoir l'annoncer aussi aux enfants. Il ne s'agit pas de les choquer ou de leur mettre dans la tête quelque chose qui pourrait les perturber, mais de leur permettre de se préparer, avec leur père et moi, à la perte d'un proche.

Les jours passent, les semaines...

Un jour, en fin de matinée, je prends la voiture pour aller récupérer Tom à la sortie du lycée.

Et là, le téléphone sonne. Je vois que c'est Jean-Pierre qui m'appelle, ce qui me surprend plutôt, car, s'il y a un moment de la journée où Jean-Pierre a autre chose à faire que de m'appeler, c'est bien celui-là, à quelques minutes de sa prise d'antenne.

Je décroche.

Jean-Pierre me demande où je suis ; je lui réponds que je suis en voiture. Jean-Pierre me dit qu'il préférerait que je me gare : il a une triste nouvelle à m'annoncer.

Inquiète, je me range sur le bas-côté.

— Nathalie, c'est incroyable, tu sais quelle date on est ? me demande Jean-Pierre... Le 11 !

Jean-Pierre m'annonce la mort de notre jardinier. C'est alors comme un flash qui s'éclaire en moi : le 11, c'est aujourd'hui le 11 février !

Je suis, nous sommes effondrés.

Deux jours plus tôt, notre jardinier, qui est devenu notre ami, seulement âgé de 43 ans, m'avait envoyé une vidéo de la maison qu'il venait d'acheter pour s'y installer avec son épouse et ses trois enfants. Son dernier mot d'homme en pleine vie, en plein bonheur, était : « Waouh, Nathalie, elle est belle, la vie ! »

La vie est belle, oui. Et telle qu'elle est, avec ses joies et ses malheurs, avec ses beaux rêves et ses terribles cauchemars, il faut l'aimer.

Le frère de Jean-Pierre est gravement malade, un cancer du foie lui a été diagnostiqué.

Une nuit, je le vois sur son lit d'hôpital, dans un costume noir. Mon attention est attirée par un chiffre inscrit au-dessus de lui, comme sur la page d'une éphéméride : le 3.

Le matin, c'est le 1er novembre, je dis à Jean-Pierre :

— Je crois que tu devrais aller voir ton frère aujourd'hui, et demain aussi… Il faut que tu restes avec lui le plus longtemps possible afin de lui parler, de profiter de sa présence au maximum. Après-demain, je pense, il ne sera plus là…

— Comment peux-tu me dire ça, Nathalie ? me répond Jean-Pierre, un peu agacé. Mon frère, je te l'ai dit, ces derniers temps, après tous les moments extrêmement difficiles qu'il a dû traverser, mon frère va un peu mieux. Pourquoi m'alarmer ?

— Je l'ai vu, Jean-Pierre. Dans un rêve, cette nuit, je l'ai vu : le 3, ton frère sera parti.

J'ai alarmé Jean-Pierre, c'est vrai, je lui ai fait entendre une parole cruelle. Si je n'avais pas l'expérience que j'ai de mes rêves, si je n'avais une absolue confiance dans ce qu'ils me disent, jamais je ne me serais permis d'agir comme ça.

En transmettant à Jean-Pierre le message envoyé par mes âmes, je l'ai fait bénéficier de leur bienveillance.

Jean-Pierre s'est rendu à l'hôpital.

Il a passé, avec son frère, la dernière journée que celui-ci a vécue sur Terre.

Son frère est mort dans la nuit, aux premières minutes du 3 novembre.

Mes rêves prémonitoires sont toujours liés à ce que j'appelle une « catastrophe ». Pour moi, ce mot recouvre toutes les épreuves que la vie nous fait subir ; les plus dures – celles qui réclament de nous le plus de force pour les traverser, les surmonter – étant toujours celles de la maladie et de la mort...

Jean-Pierre va fêter ses 60 ans.

J'ai choisi de lui faire le plus romantique des cadeaux : un voyage à Venise. Ah mais, attention, dans la grande tradition : voyage en train, par le sublime Orient-Express, hôtel fabuleux, gondoles... Venise de la beauté et de l'amour éternels !

Une nuit, je vois quelqu'un que je n'ai jamais rencontré dans la « vraie » vie, mais dont on me dit qu'il s'agit de l'ex-beau-frère de Jean-Pierre, monsieur dont je sais – mon mari m'en a parlé – qu'il est atteint d'un cancer, d'une leucémie.

Le rêve se déroule dans une atmosphère entièrement blanche. Je vois là l'ex-beau-frère de Jean-Pierre allongé dans un espace confortable, capitonné, avec d'épais coussins disposés tout autour de lui. Et, sur lui, comme descendu du ciel, un magnifique faisceau de lumière, blanche elle aussi, où je distingue quelqu'un de jeune, un jeune homme ou une jeune fille, ce n'est pas très clair, mais quelqu'un de jeune, oui, et cette personne lui tend la main...

Au petit déjeuner, je raconte mon rêve à Jean-Pierre. Un rêve dont, évidemment, j'ai compris la signification : j'annonce à Jean-Pierre que, dans les jours qui viennent, hélas, son ex-beau-frère va mourir.

Mais je lui fais également part de mon interrogation. Ce faisceau lumineux, avec cette jeune personne qui tend la main à son ex-beau-frère : qu'est-ce que cette image peut bien vouloir dire ?

À cette question, Jean-Pierre apporte immédiatement la réponse : cet homme a perdu un être proche, plus jeune que lui, un frère ou une sœur, il y a quelques années...

Il décède trois jours plus tard.

Mon rêve m'a montré cet instant où, dans la mort, les êtres qui s'aiment se retrouvent.

Quel cadeau inestimable m'ont fait mes âmes, avec une telle image !

Je la garde précieusement dans ma mémoire. Avec cette autre image, elle aussi offerte par mes âmes ; mais, cette fois-là, ce n'était pas par l'intermédiaire d'un rêve...

C'est quelque temps après que le cancer de la prostate de Jean-Pierre a été diagnostiqué.

Malgré tout, comme chaque année, nous allons passer l'été dans notre maison du Sud de la France.

Je m'y rends dès la fin juin, Jean-Pierre m'y rejoint après le 14 juillet.

Me voilà pour quelques jours seule dans cette maison, avec le moral pas vraiment au beau fixe, vous l'imaginez… Tout comme la météo, du reste, qui s'est mise au diapason : le temps est à la pluie, et moi je suis triste, je pleure.

Le genre de situation, vous me connaissez, où je ne reste pas très longtemps sans appeler à la rescousse mes âmes, mon ange gardien.

Contre ce satané cancer, nous sommes bien décidés, Jean-Pierre et moi, à nous battre de toutes nos forces réunies, et à le vaincre !

Mais enfin, il y a tout de même des moments où l'on ne se sent pas si fort que ça, où l'on a besoin d'être rassuré, encouragé. J'étais peut-être, ce jour-là, comme un boxeur avant le combat de sa vie, j'avais besoin d'entendre mon coach me dire que j'étais la meilleure et que j'allais gagner.

Je parle donc à mes âmes et à mes anges, je leur demande ce que je dois faire pour apporter à Jean-Pierre tout ce dont il a besoin pour traverser l'épreuve à laquelle il est à présent confronté, et en sortir vainqueur.

À un moment, je vais dans la cuisine me chercher un verre de jus de citron et, comme la pluie s'est calmée, mon verre à la main, je vais dehors…

À ce moment-là, sur la table de jardin, une table en verre, qu'est-ce que je vois ?

Un cœur.

L'eau restée sur la surface de verre a pris la forme d'un cœur.

La réponse de mes âmes et de mes anges, je l'ai là, devant moi : c'est ce cœur, c'est notre amour, à Jean-Pierre et moi, plus fort que tout.

# Reliée à mes animaux

Les animaux ont toujours occupé une place très importante dans ma vie. J'ai toujours eu auprès de moi un chien ou un chat, autrement dit un de ces compagnons à quatre pattes qui, en retour de l'affection que vous leur portez, vous offrent une fidélité sans faille.

Avec ma chatte Titou, j'ai partagé dix-neuf ans de ma vie.

Notre relation était d'une proximité incroyable : je l'emmenais partout, et ses ronronnements les plus doux, ses câlins les plus tendres m'étaient principalement réservés.

Un mois de décembre, Jean-Pierre, les enfants et moi partons passer les vacances de fin d'année au soleil des Caraïbes, sur l'une de ces îles enchanteresses...

Comme nous séjournons dans un club, il n'est pas possible que Titou soit du voyage. Je la confie aux bons soins de Muriel qui, comme chaque fois que nous nous absentons, a la gentillesse de garder la maison.

Je sais, bien sûr, que Muriel veillera sur Titou aussi bien que moi, cependant je m'inquiète. Titou se fait vieille et, ces derniers temps, elle me semble s'être encore affaiblie. Je demande à Muriel de venir la voir peut-être plus souvent qu'à l'accoutumée, pas seulement pour lui donner à manger, mais aussi pour voir comment elle va...

Nous nous envolons, nous profitons des charmes de Punta Cana, fêtons Noël puis le Nouvel An. Et, cette nuit-là, celle de l'entrée dans la nouvelle année, je fais un cauchemar : c'est Titou, Titou qui est au plus mal, Titou que je prends dans mes bras et que j'emmène chez le vétérinaire en courant.

Je cours, je cours à perdre haleine en serrant ma pauvre Titou dans mes bras.

Enfin, j'arrive devant la porte du cabinet du vétérinaire. Je sonne, je sonne ; personne ne répond, personne !

Complètement affolée, découragée, je pose Titou sur le sol et m'effondre en larmes.

À ce moment-là, qui vois-je ?

Le vétérinaire.

Il se trouve auprès d'un très grand cheval blanc allongé. Le vétérinaire cherche à lui faire une piqûre, mais n'y parvient pas.

J'ai cette étrange vision, puis je reprends Titou dans mes bras et retourne à la maison.

Mon cauchemar s'arrête là. Je me réveille en sursaut, tellement bouleversée que je réveille Jean-Pierre :

— Il se passe quelque chose à la maison, c'est Titou, elle ne va pas bien, j'ai peur qu'il lui soit arrivé quelque chose…

Jean-Pierre, qui a bien sûr compris que je viens de faire un rêve prémonitoire, essaie de me convaincre, et de se convaincre, lui aussi, que ce n'était qu'un mauvais rêve.

Quelques heures plus tard, le téléphone sonne. C'est Muriel :

— Nathalie, j'ai dû, en urgence, amener Titou chez le vétérinaire, elle n'allait vraiment pas bien, elle ne tenait plus sur ses pattes… Le vétérinaire a fait des premiers examens, il semblerait que ce soit un problème de reins. Et que ce soit assez grave…

Soucieuse de m'épargner un choc trop grand, Muriel n'a pas voulu prononcer le mot, mais j'ai compris : Titou vit ses derniers instants.

Je remercie Muriel pour tout ce qu'elle a fait, et j'appelle aussitôt le vétérinaire :

— Docteur, s'il vous plaît, faites tout ce qui est en votre pouvoir pour maintenir Titou en vie jusqu'à mon retour, je veux la voir une dernière fois, je veux lui dire adieu. Je prends l'avion demain. Faites tout, je vous en prie, pour que Titou vive quelques heures encore.

Sensible à ma détresse, le vétérinaire me promet de faire tout ce que la science lui permettra de faire...

Titou décède le 4 janvier, à l'instant même où mon avion atterrit à Paris.

Remerciant le vétérinaire pour les soins qu'il a prodigués à Titou et pour sa gentillesse à mon égard, je lui raconte ce cauchemar qui m'a annoncé ce qui était en train d'arriver à Titou.

Je lui raconte cette image qui m'est alors apparue et où je l'ai vu auprès d'un cheval blanc allongé, essayant de lui faire une piqûre, n'y parvenant pas...

M'écoutant, le vétérinaire semble interloqué. Il me dit :

— C'est incroyable ce que vous me racontez là. Figurez-vous que, le matin où je me suis occupé de Titou, j'ai aussi dû prendre en charge un cheval d'un club équestre du coin, un cheval blanc, qui était très mal en point, et auquel j'ai eu toutes les peines du monde à faire une piqûre.

Le vétérinaire reste un instant songeur. Il comprend que, dans les circonstances présentes, je ne suis pas vraiment disponible pour engager une conversation sur les rêves prémonitoires.

Ma Titou est partie, qui, comme tout être vivant, avait une âme, elle aussi. Savoir que nos âmes se retrouveront un jour, pour l'éternité, m'est une consolation.

Un autre rêve prémonitoire.

C'est à nouveau durant les vacances.

Dans le cauchemar que je fais alors, je suis au bord de l'eau, sous un ciel noir, très noir.

De ce ciel d'encre tombe une pluie effrayante : une pluie d'araignées, de grosses araignées, des mygales.

Des milliers de mygales s'abattent, avec leurs grosses pattes velues, crochues, tournées vers le haut, des milliers sur le sol, sur l'eau et sur moi.

Terrorisée, j'essaie, en hurlant et en me débattant, de m'en protéger.

En vain, bien sûr. Les mygales, par milliers, me tombent dessus, c'est horrible !

Au bout de l'horreur, je me réveille, en sueur, secouée de convulsions, me frottant comme une folle pour me débarrasser des affreuses bestioles qui me recouvrent le corps.

Finissant par me calmer, je comprends de quoi il s'agit.

Il s'agit de l'un de mes chiens, l'un de mes bergers allemands à poil noir, d'un noir très intense, très profond.

Il s'agit de la chienne : il va lui arriver quelque chose…

Le matin, j'appelle tout de suite Alexis, la personne qui garde nos chiens.

Alexis me rassure : mes chiens vont parfaitement bien.

Je suis à moitié rassurée.

Un jour passe, puis deux.

Et le téléphone sonne, c'est Alexis :

— Nathalie, j'ai une mauvaise nouvelle à t'annoncer… Je suis parti avec les chiens en promenade dans la forêt et, tout à coup, la chienne a filé… Chasseuse comme elle est, elle a senti un animal, et hop, elle a filé. Pendant une heure, une heure et demie, je l'ai cherchée… Enfin, je l'ai vue revenir. Je ne sais pas ce qui est arrivé, elle a dû se bagarrer avec un cerf ou avec une biche… Ce fut très violent. Elle était en sang, blessée de partout. Ne pouvant plus marcher, elle s'est écroulée devant moi. Bien sûr, je l'ai immédiatement transportée chez le véto, qui lui a aussitôt pratiqué les soins nécessaires. Mais l'état d'une de ses pattes l'inquiète beaucoup… Au vu des radios, son diagnostic lui fait dire qu'il va être difficile d'éviter l'amputation. Il préconise de solliciter un spécialiste, mais, en vérité, il n'est pas très confiant.

L'idée que ma chienne soit amputée me révulse : je suis bien décidée à tout faire, même à distance, pour lui éviter ça !

Après des dizaines de coups de téléphone, je finis par trouver un établissement, la clinique Michel-Baron, où l'on me dit être en mesure de pratiquer sur ma chienne l'intervention qui permettra de préserver sa patte si grièvement blessée.

Pour la vétérinaire qui va s'en charger, le docteur Isabelle Valin, six heures d'opération seront nécessaires pour que ce soit effectivement le cas.

Son épaule et sa patte rafistolées à l'aide de plusieurs plaques et broches métalliques, et après six mois de rééducation, ma chienne a remarché.

Aujourd'hui, elle se déplace, elle court pratiquement comme avant son « accident de chasse », une mésaventure à laquelle mon rêve ne lui aura pas permis d'échapper.

Mais à moi, il aura permis, j'en suis persuadée, de me préparer, inconsciemment, à y faire face.

Lorsque Alexis m'a informée de l'état de ma chienne, malgré mon désespoir, j'ai gardé mon sang-froid : avec aplomb et détermination, je me suis démenée pour trouver la clinique qui allait, pour ainsi dire, la sauver.

Cette force, c'est mon rêve prémonitoire qui me l'a donnée. Je remercie ce docteur vétérinaire, Isabelle, au même titre que mes âmes.

# Ma sœur aussi…

Je voudrais parler de Myriam, ma sœur aînée.

Ces dernières années, la relation que chacune entretient avec l'invisible, l'au-delà, nous a encore rapprochées.

Depuis longtemps, Myriam sentait qu'il y avait en elle « quelque chose » : au contact de certaines personnes, elle ressentait des vibrations ; il lui arrivait d'entendre des êtres disparus lui parler.

Après tout un temps où elle n'y a guère prêté attention, ce « quelque chose », Myriam a décidé de le « travailler ».

C'est là une évolution assez courante.

On est rarement prêt à accepter d'emblée la présence dans sa vie d'un autre monde, peuplé d'âmes, d'anges et de guides bienveillants, qui nous envoient des signes, qui nous parlent, nous donnent des conseils, nous guident…

On estime que l'on a déjà suffisamment à faire avec le monde concret pour prendre le risque d'aller voir de ce côté-là, où le territoire n'est absolument pas balisé. On craint de se perdre.

C'est, bien évidemment, tout le contraire qui se produit : la fréquentation de l'invisible, de l'au-delà, l'échange avec les âmes, les anges, nous permettent de nous retrouver !

Ma sœur, donc, a attendu d'avoir une certaine maturité pour développer la faculté qui était en elle de capter des signes.

Un jour, alors qu'elle est dans son salon de manucure, occupée avec une cliente, ce qu'elle reçoit est tellement puissant qu'elle ne peut le garder pour elle :

— Madame, dit-elle à sa cliente, je ne voudrais surtout pas vous embarrasser avec quelque chose qui va peut-être vous paraître complètement farfelu, ou déplacé, mais voilà, depuis que je suis auprès de vous, il y a une voix qui me parle, une voix féminine… Il me semble qu'il s'agit de votre grand-mère qui, malheureusement, est partie. Cette personne me demande de vous dire que vous allez recevoir un message.

Sa cliente éclate en sanglots et la remercie.

À son retour chez elle, ma sœur reçoit un appel de sa cliente qui l'informe que, en écoutant son répondeur, c'est un ancien message de sa défunte grand-mère qu'elle a entendu en premier alors qu'il datait de plusieurs mois.

C'est un moment de profonde authenticité et d'intense émotion pour cette dame dans la peine qui renoue le contact avec un être cher, et pour Myriam qui prend alors pleinement conscience de cette faculté qui est la sienne de pouvoir recevoir et transmettre les messages des âmes.

Deux sœurs qui ont cette même faculté, lorsqu'elles se retrouvent, forcément, des choses se produisent…

Myriam, qui vit toujours en Alsace, s'est installée dans une nouvelle maison. Une occasion pour moi de lui rendre visite et de passer quelques jours avec elle et les siens, ce qui est toujours un grand bonheur.

Je trouve cette nouvelle maison tout à fait agréable à vivre.

Cependant, il y a quelque chose qui me met mal à l'aise : chaque fois que je suis dans la salle de bains, je ressens comme de mauvaises ondes. La situation me paraissant assez sérieuse, j'en parle à Myriam.

Myriam n'est pas du tout étonnée de ce que je lui dis.

Elle me révèle alors que, chaque fois qu'elle entre dans cette salle de bains, elle entend une voix… Une voix qui lui dit : « *Myriam, s'il te plaît, change ce miroir de place.* »

Bien évidemment, ma réaction immédiate est de demander à ma sœur pourquoi elle ne l'a pas fait !

On le sait, les cordonniers sont souvent les plus mal chaussés. Eh bien, pour les gens comme ma sœur et moi, c'est un peu le même phénomène : les messages que nous envoient nos guides, nos âmes, nos anges, les conseils qu'ils nous donnent, allez savoir pourquoi, il nous arrive de les négliger. Le quotidien sur Terre prend parfois le dessus, il ne faudrait pas...

Avec ça, Myriam a des arguments imparables : ce miroir au-dessus de la baignoire est très lourd, immense et parfaitement fixé, ça va être tout un chantier que de le décrocher. Et d'ailleurs pour le mettre où ?

Cela ne fait pas cinq minutes que nous avons eu cette discussion lorsque, dans la maison, retentit un immense fracas. Ça vient de la salle de bains.

Nous nous précipitons pour voir ce qui est arrivé...

Le miroir au-dessus de la baignoire s'est décroché, il est tombé et s'est brisé en mille morceaux.

Mais alors, il y a quelque chose que nous ne comprenons pas : normalement, lorsqu'il s'est décroché, le miroir aurait dû tomber, emporté par son poids, directement dans la baignoire.

Ce n'est pas ce qui s'est passé.

Aucun bris de miroir dans la baignoire : c'est comme si le miroir l'avait évitée afin de ne pas blesser la personne qui aurait pu se trouver là en train de prendre son bain… Comme si une force l'avait soulevé au-dessus de cette grande baignoire ronde – mouvement irréalisable pour un seul humain.

Nous sommes, ma sœur et moi, comme deux enfants en train de tirer la leçon de la mésaventure qu'ils viennent de vivre : on nous a averties d'un danger, et nous n'avons pas écouté, ma sœur en tout cas. Ce danger était réel et aurait pu se transformer en un accident tragique. Grâce à l'intervention de l'un de nos protecteurs, il n'a pas eu lieu.

Toujours dans l'incompréhension, Myriam téléphone à Stéphanie, son amie voyante, pour lui narrer ce que nous venons de vivre. Cette dernière, étrangement peu surprise, lui indique qu'elle doit arrêter de douter de sa prédisposition à communiquer avec son guide, qu'elle n'est pas folle et que ce qui vient de se passer n'est là que pour le lui confirmer. Elle lui conseille de retourner dans sa salle de bains et de dire à son guide qu'elle l'a entendu et qu'elle ne doutera plus jamais de lui.

Quelque temps après cette drôle d'affaire, c'est un rêve qui vient à nouveau nous réunir, ma sœur, moi et nos âmes, nos guides…

Un rêve dans lequel j'ai terriblement mal au ventre, je suis littéralement pliée en deux de douleur.

À côté de moi, il y a ma nièce, la fille de Myriam.

Voyant l'état dans lequel je suis, ma nièce n'arrête pas de me répéter :

— Ça va aller, Nathalie, ne t'inquiète pas, je vais le dire à Maman, bientôt je vais le lui dire…

Le lendemain matin, j'essaie, bien sûr, de comprendre ce que ce rêve signifie… Je sais que ma sœur et sa fille sont alors un peu fâchées, mais cela ne suffit pas à m'éclairer. Je décide donc d'appeler Myriam.

— Alicia est enceinte, je le sais, me dit ma sœur après avoir écouté mon rêve.

— Comment ça, tu le sais ? Ça fait un moment que vous ne vous parlez plus…

— Oui, c'est vrai, mais je le sais…

Ma sœur me raconte alors qu'elle aussi a reçu un message de son guide.

Elle était au supermarché lorsque, tout à coup, elle a entendu une voix, une voix qui n'y est pas allée par quatre chemins, qui lui a dit : « Ta fille est enceinte, elle attend une petite fille. »

Nos guides nous ont envoyé le même message ! Ça, franchement, nous ne l'avions pas encore vécu !

Pourquoi donc ?

Pour que la communication reprenne !

Pour nos guides, cette histoire de fâcherie entre ma sœur et sa fille, ça ne leur faisait pas plaisir, ils voulaient la voir finir !

Et c'est ainsi que ma nièce a appris de la bouche de sa maman qu'elle était enceinte : plus original, plus sympathique qu'un test de grossesse, non ?

Et c'est ainsi que la fâcherie entre mère et fille s'est aussitôt évaporée. Nos guides travaillent pour le bonheur des familles, pour le bonheur de tous !

# La réalité de mes rêves

Un rêve prémonitoire, en fait, c'est une affaire de communication : mieux que le téléphone, le mail, les SMS et tous les réseaux sociaux réunis…

Une nuit, c'était en septembre 2020, je rêve de mon fils.

C'est un rêve où il ne se passe, ma foi, pas grand-chose, un rêve tout à fait anodin : je vois Tom et je reçois le message que Tom m'appellera le matin, avant le lycée.

Le matin, je suis avec Lou, je lui dis :

— J'ai rêvé de ton frère. Il va m'appeler ce matin, rien de grave, mais il va m'appeler, c'est…

Je n'ai pas terminé ma phrase que mon téléphone sonne. C'est Tom. Tom qui m'annonce que, sur le chemin du lycée, où il se rend au volant de sa petite voiture sans permis, il a eu un accident :

— Rien de grave, Maman, ne t'inquiète pas. C'est juste la voiture qui se trouvait devant moi, au feu... Le type l'avait un peu dépassé lorsqu'il est passé au rouge... Alors, il a reculé sans me voir et il m'a embouti tout l'avant.

Rien de grave, je le savais, car mon rêve n'avait rien d'un cauchemar : c'était un rêve purement informatif. Comme Jean-Pierre, à la rédaction, reçoit ses dépêches, moi, j'ai mes rêves prémonitoires. Avec cette petite différence, tout de même : les journalistes sont informés de ce qui s'est passé, moi, je le suis de ce qui va arriver.

Cette fois, nous sommes en octobre 2020, un cauchemar.

Je vois ma sœur. Je la vois courir dans la forêt, elle court à perdre haleine, et moi, je cours derrière elle, essayant de la rattraper et lui criant :

— Qu'est-ce que tu fais, Myriam ? Qu'est-ce que tu fais ?

— Il faut que je trouve un remède, me répond ma sœur, il faut que je trouve un remède...

— Pour quoi faire ? Pour quoi faire ?

Le cauchemar se limite à cette scène de course éperdue, extrêmement angoissante.

Naturellement, le lendemain matin, la première chose que je fais, c'est d'appeler ma sœur.

Myriam n'est absolument pas étonnée par le cauchemar que je lui raconte. La veille, son compagnon a fait un léger AVC. Heureusement, elle était avec lui lorsque cela s'est produit, et elle a pu faire tout ce qu'il fallait pour lui « trouver un remède », autrement dit pour qu'il reçoive les soins dont il avait besoin...

Mon cauchemar, pour le coup, m'a informée d'un événement qui avait déjà eu lieu. Grâce à l'information qu'il m'a transmise – il est arrivé quelque chose à Myriam –, j'ai pu être auprès de ma sœur, lui apporter mon affection ; et cela, avant qu'elle-même m'ait annoncé ce qui était arrivé à son compagnon.

Autre expérience : avec le décès tragique de mon amie Gaëlle Voiry, ce sont à la fois la voyance et le rêve prémonitoire qui m'ont informée.

D'abord, je vous l'ai raconté, c'est Claude Alexis qui me fait cette annonce : « Nathalie, je dois te dire que tu vas apprendre, un jour, une triste nouvelle : la mort d'une Miss France. »

Les semaines, les mois passent...

Une nuit, très exactement celle du 27 septembre 2019, dans un rêve, je vois un grand panneau noir, avec une couronne qui scintille. Une image qui a quelque chose de sinistre. Au matin, elle est encore présente à mon esprit. Pour quelle raison ? Je ne sais pas.

Toujours est-il que me revient alors en mémoire ce que m'avait dit Claude Alexis : la mort d'une Miss France.

Cette association entre ce que m'a annoncé mon voyant, il y a presque deux ans, et ce rêve que j'ai fait durant la nuit me met le moral à zéro. J'en parle à Jean-Pierre, et Jean-Pierre me rassure...

Le téléphone sonne : à l'autre bout du fil, un journaliste me demande une réaction face au drame qui vient de frapper la famille des Miss France.

— Quel drame ? De quoi me parlez-vous ?

Le journaliste, un peu embarrassé par sa bévue, m'annonce la mort de Gaëlle Voiry, Miss France 1990.

Je suis effondrée.

Et je repense à Claude Alexis qui avait vu ce moment de grande tristesse inscrit dans ma vie. Je revois mon rêve, cette image d'un rideau noir comme le chagrin, noir comme le deuil, mais aussi cette image d'une couronne de Miss France qui jamais ne cessera de briller : mes âmes et mes guides m'ont envoyé ce message.

Mes rêves prémonitoires ne m'apportent jamais de bonnes nouvelles.

L'information qu'ils me transmettent concerne toujours quelque chose de douloureux, de pénible : un accident, une catastrophe, la maladie, la mort.

Il faut s'habituer à ça.

Avec le temps, j'ai appris à dépasser l'angoisse, voire la panique, dans laquelle un rêve prémonitoire peut me plonger. J'ai appris à ne pas rester enfermée dans cet état émotionnel : l'information que mon rêve m'a transmise, aussi terrible soit-elle, je ne dois pas la garder pour moi, mais, tout au contraire, la faire circuler.

Mes rêves prémonitoires, j'en parle toujours à quelqu'un. À quelqu'un, mais pas à n'importe qui. Car c'est sérieux, un rêve prémonitoire, c'est précieux. Il ne faut pas qu'en le transmettant vous lui fassiez perdre de son importance, de sa valeur ; ce qui arrive lorsqu'on vous écoute avec un peu de condescendance ou, pire, avec un petit sourire moqueur.

Il faut dire que certains rêves s'y prêtent peut-être : allez raconter, comme ça, ce rêve que vous avez fait la nuit dernière, où vous étiez avec Johnny sur les Champs-Élysées…

Décembre 2017. La France entière sait que Johnny est malade, qu'il se bat depuis maintenant plusieurs mois contre un cancer. Les médias, jour après jour, distillent de ses nouvelles, des bonnes et des moins bonnes…

Dans la nuit du 4 au 5, je rêve que je suis à côté de lui, oui, à côté de Johnny, l'idole de tout un pays, et dont Jean-Pierre est un fan absolu ! Un Johnny plus beau que jamais, dans son costume immaculé, incrusté d'or.

Nous sommes debout, l'un à côté de l'autre, sur une scène, une vaste et magnifique scène toute blanche qui trône, où ça ? Sur les Champs-Élysées !

Des Champs-Élysées au-dessus desquels le ciel est tout gris, avec des nuages blancs comme dessinés par des enfants... La plus belle avenue du monde qui n'est pas, comme à son habitude, bordée d'arbres.

Devant nous, une foule immense. Des milliers et des milliers de gens qui sont là non pas pour nous écouter chanter – en tout cas, certainement pas pour m'écouter, moi ! –, mais pour nous faire signer des autographes.

Il y a cette marée humaine gigantesque et interminable qui a envahi les Champs-Élysées ; et sur la scène il y a Johnny et moi, stylo en main, qui n'arrêtons pas de signer.

Cela nous amuse, on dirait, car nous avons, l'un comme l'autre, le visage hilare et complice. Je dis à Johnny :

— Non, mais tu as vu ça ? Il y a encore plus de monde que pour ton concert du Champ-de-Mars, non ? À mon avis, c'est record battu... Tu crois qu'on va y arriver, dis, tu crois qu'on va y arriver, à signer tous ces autographes ?

Et Johnny se marre... Et je me marre avec lui...

Un rêve plein de joie, plein de rires, mais qui s'avérera pourtant être un rêve de mort.

Lorsque je me réveille, je le sais, et je le dis à Jean-Pierre :

— Johnny va mourir dans la semaine...

Jean d'Ormesson est mort dans la nuit du 4 au 5 décembre ; Johnny Hallyday, dans celle du 5 au 6. L'écrivain le plus aimé des Français – dans mon rêve, représenté par le stylo – et l'idole de toutes générations confondues ont rejoint le Ciel. Si j'étais allée raconter ce rêve avec Johnny à n'importe qui, il y en aurait eu, des sourires en coin ; cela aurait été comme une offense à notre tristesse.

C'est pour cela que mes rêves prémonitoires, je ne les raconte qu'à des êtres bienveillants, en qui j'ai entière confiance, des êtres qui me connaissent bien, qui savent parfaitement que les récits que je peux leur faire de certains de mes rêves ne sont pas là pour amuser la galerie, mais pour dire, pour annoncer quelque chose, et quelque chose, souvent – pour ne pas dire toujours – de difficile.

Ainsi, le 2 octobre 2020, au matin, j'ai eu à raconter un rêve dans lequel je me trouvais totalement trempée et sale, à un point tel que je me suis réveillée et que, persuadée que j'étais effectivement souillée, je suis allée prendre une douche, me laver.

À mon retour, je me suis recouchée, dans un lit parfaitement sec, je me suis rendormie, et le rêve a repris : je suis à nouveau inondée, noyée, et j'ai une sensation de profondeur, je m'enfonce dans une sorte de bain sans fond...

À mon réveil, c'est une certitude : quelqu'un que j'aime va subir une redoutable épreuve... Je me confie, au téléphone, à Muriel. Elle prend au sérieux mes propos, car elle est coutumière de mes révélations prémonitoires et me dit qu'elle espère que cela ne concerne pas quelqu'un de la famille, un proche.

Quelques heures plus tard, le fils de Yannick, mon meilleur ami, m'appelle :

— Papa est à l'hôpital, on lui a diagnostiqué une leucémie.

Mes rêves prémonitoires, c'est généralement à Jean-Pierre que je transmets la primeur de leur message, mais je me confie également, souvent, à mes proches, mes très proches : mes parents, ma sœur Myriam, Muriel et, à présent qu'ils sont grands, mes enfants.

Lou et Tom savent parfaitement, maintenant, ce qu'est un rêve prémonitoire. Ils ont appris, au fil des ans, à en percevoir et à en reconnaître la valeur, et cela, à travers leur propre expérience.

Pour Tom, c'était l'été de ses 15 ans.

Nous sommes en vacances dans le Sud de la France.

Une nuit, il m'apparaît dans un cauchemar, vêtu d'un short blanc, torse nu, marchant sur un chemin sinueux, jonché de cailloux, un chemin sans fin, qui n'aboutit nulle part.

Moi, je suis là, derrière mon fils, marchant avec difficulté sur ces cailloux qui roulent sous mes pieds, et je lui dis :

— Tom, attention, il va t'arriver quelque chose ! C'est grave, Tom, fais bien attention, il va t'arriver quelque chose !

Nous avançons comme ça pendant un moment, puis soudain, voilà que je me trouve dans un hôpital, dans un long couloir au bout duquel il n'y a que deux chambres, une sur ma droite, l'autre sur ma gauche. C'est dans celle-ci que j'entre. Et là, je vois un gamin allongé sur le lit, dont la bouche, c'est monstrueux, est tout harnachée de ferraille.

Au réveil, je suis rongée d'inquiétude : que va-t-il se passer avec Tom ?

Il doit, ce jour même, prendre l'avion pour nous rejoindre, et il vient avec Gabou, son meilleur ami.

Je fais part de mon cauchemar à Jean-Pierre et à Lou, qui m'écoutent avec le plus grand sérieux... Et puis, quoi, c'est le début des vacances, et elles s'annoncent merveilleuses ! Nous allons être tous ensemble et bien en profiter. Bon, en faisant peut-être un peu plus attention à Tom qu'à l'accoutumée.

Les tout premiers jours se déroulent effectivement à merveille.

Et puis, quatre jours après mon cauchemar, Tom et Gabou sont partis depuis un moment à la plage, et voilà que Tom revient seul en courant, tout affolé :

— Maman, Maman, viens vite, il est arrivé quelque chose à Gabou !

Je rejoins Tom, nous courons jusqu'à la plage.

Là, je vois Gabou étendu, gémissant de douleur. En jouant avec un gros ballon de plage, il a voulu faire une cabriole, mais il s'est mal réceptionné, et le voilà avec une jambe apparemment fracturée au niveau du fémur.

Immédiatement, j'appelle l'ambulance.

Ayant des difficultés à trouver le chemin menant à l'endroit où l'on se trouve – exactement comme dans mon rêve j'avais des difficultés à progresser sur le chemin caillouteux –, l'ambulance met du temps à arriver : près de trois longs quarts d'heure durant lesquels je fais tout pour rassurer Gabou, lui apporter du réconfort…

Je remarque alors que Gabou porte un short blanc, pas n'importe lequel : le short blanc de mon fils, ce short blanc que Tom portait dans mon rêve.

L'ambulance arrive enfin et, quelques minutes plus tard, nous voilà à l'hôpital.

Gabou est conduit aux urgences du Centre hospitalier d'Hyères.

Avant d'être pris en charge par un médecin, il est conduit dans une chambre, une chambre qui se trouve sur le côté gauche du couloir qui y conduit. Mon rêve s'éclaire…

Gabou est pris en charge.

Comme le gamin est un peu paniqué à l'idée d'être anesthésié, je suis exceptionnellement autorisée à rester auprès de lui pendant qu'on l'endort pour redresser sa jambe fracturée avant de l'immobiliser dans un plâtre.

Jean-Pierre, pendant ce temps-là, nous a rejoints.

Il me raconte qu'à la réception de l'hôpital il s'est trouvé en présence d'un monsieur et de son fils, un garçon dont la bouche était équipée d'un impressionnant appareillage orthodontique, dont l'une des tiges métalliques s'était plantée dans son palais, l'obligeant à rester la bouche grande ouverte.

Avec ce rêve, dont il était l'un des acteurs et que je lui ai ensuite raconté, Tom a pu se faire une idée de ce qu'est un rêve prémonitoire. Savoir qu'il est truffé d'indices et que, malheureusement, ces indices, on ne les identifie généralement qu'après coup, lorsque le rêve s'est traduit dans la réalité.

Les rêves prémonitoires ne font pas de vous quelqu'un qui a tout compris, seulement quelqu'un d'averti.

Avec ce rêve, aussi, Tom a découvert que la communication entre les êtres humains ne se limite pas aux vivants, mais qu'elle se fait aussi entre les vivants et les morts. Je lui ai expliqué que ce rêve prémonitoire où je l'avais vu courant dans son short blanc sur un chemin menant nulle part était un message que m'avaient envoyé mes âmes pour me prévenir psychologiquement, émotionnellement, d'une épreuve à venir le concernant.

Plus récemment, Tom et moi avons fait une autre expérience avec mes âmes, expérience extrêmement forte qui, cette fois, n'est pas passée par le rêve prémonitoire...

Lorsque les enfants sortent, je garde toujours mon téléphone près de moi, bien sûr allumé, au cas où il leur arriverait quelque chose et qu'ils auraient besoin de me joindre.

Un soir, pourtant, Tom est de sortie, et, je ne sais pas pourquoi, inconsciemment, j'éteins mon téléphone et je le pose à côté de moi sur la table de nuit.

Je passe la soirée devant la télé et, comme il se doit, je m'assoupis doucement.

Là, dans un demi-sommeil, je me dis : « Tu as éteint ton téléphone, mais Tom est sorti et, à cette heure, il n'est toujours pas rentré, tu dois le rallumer... » Je me dis ça, mais, aussi incroyable, aussi fou que cela puisse paraître, je tente de l'attraper, en vain, et le sommeil a finalement raison de mes efforts. Dans la nuit, nous sommes réveillés par la police qui, après avoir tenté de nous joindre à plusieurs reprises sur nos portables respectifs, nous appelle sur le numéro fixe de la maison.

On nous annonce que Tom a eu un accident, heureusement sans gravité.

Pourquoi ai-je éteint mon téléphone ? Pourquoi ai-je été incapable de le rallumer bien que j'aie voulu le faire ?

Évidemment, je me suis posé ces questions, et Tom me les a posées.

La réponse, je crois, la voici : mes âmes ont été à la manœuvre, ce sont elles qui m'ont conduite à éteindre mon téléphone, elles qui m'ont empêchée de le rallumer.

— Pourquoi ?

— Pour te dire, Tom, qu'elles sont là, toujours là, dans notre histoire. Nous pouvons avoir à notre disposition, aujourd'hui, les outils de communication les plus rapides, les plus perfectionnés, les plus sophistiqués. Mais jamais ces machines ne pourront transmettre les messages les plus importants que nous avons à nous transmettre, toi et moi : nos messages d'amour.

# Bons et mauvais esprits

Jusqu'ici, je n'ai fait que parler de mes âmes, mes âmes bienveillantes, protectrices, mes âmes aimantes.

Mais, dans le Ciel, il y en a d'autres, bien sûr, beaucoup d'autres, et toutes ne sont pas forcément bienveillantes, protectrices, aimantes. Certaines sont même tout le contraire… Ce sont des âmes qui nous veulent du mal, qui nous mettent en danger, nous égarent, des âmes qui travaillent avec obstination à notre malheur… Des âmes négatives, que je préfère appeler « forces du mal », « mauvais esprits »…

Je sais qu'elles existent et je me méfie d'elles. J'essaie de les tenir à distance, de faire en sorte que ma vie échappe le plus possible à leur influence néfaste, en évitant au maximum que leur mauvaise énergie, leurs mauvais sorts ne s'abattent sur moi et sur celles et ceux que j'aime.

Ma relation avec le Ciel est donc une chose très sérieuse. C'est comme sur Terre : *on n'est pas dans le monde des Bisounours*. Et cela, je l'ai appris il y a bien longtemps...

Retour en Alsace, au début des années 1980.

Nous sommes une bande de potes de 18-20 ans, dont le repaire est une vieille grange plus ou moins abandonnée.

On se retrouve là un peu désœuvrés. Pour tromper l'ennui, on fait un peu n'importe quoi...

Un jour, l'un de nous nous embarque dans une expérience de spiritisme :

— De quoi ?

Le spiritisme, il n'y en a pas un dans la bande qui connaît l'exacte signification de ce mot, et ce que cette pratique implique. Et notre pote n'en sait guère plus.

Ce qu'il nous dit, c'est que son grand-père communique avec les « esprits ». Mais, attention, il n'est pas gaga, communiquer avec les esprits – c'est-à-dire avec les personnes qui sont mortes, n'importe lesquelles, des membres de votre famille ou des personnages célèbres –, c'est un truc très sérieux, qui existe depuis toujours, depuis l'origine de l'homme et sa prise de conscience qu'il n'est pas éternel.

Notre ami a déniché, dans la grange, une vieille table en bois rectangulaire. Il a découpé une feuille en 26 morceaux afin d'y inscrire au feutre, en majuscule, les 26 lettres de l'alphabet. De la même manière, il a inscrit sur des morceaux de papier les chiffres de 0 à 9, ainsi que deux mots : « oui » et « non ».

Il dispose ces morceaux de papier en cercle sur la table, en plaçant les morceaux avec les mots « oui » et « non » au centre de celui-ci.

Enfin, sur cette table, il pose un verre à l'envers.

Lorsque tout semble prêt, notre ami nous invite à nous installer tout autour de la table et à nous concentrer : la séance peut commencer… Pour nous mettre dans l'ambiance, il éteint la lumière et allume juste une bougie.

Vous dire ce qui s'est passé au juste, je ne le pourrais pas. Sans doute parce que j'ai été troublée, extrêmement troublée, peut-être plus que n'ont pu l'être les autres qui, eux, se sont tout simplement bien amusés.

Il n'est pas impossible que le verre se soit mis à bouger. Il a dû y avoir des yeux écarquillés, mais aussi des rires plus ou moins étouffés, des plaisanteries parfois assez grossières, voire carrément impolies, envers ces esprits qui, ça alors, ont répondu présent... Plutôt que se comporter envers eux avec respect, on leur inflige notre humour de gamins pas méchants, mais pas bien malins non plus.

La séance a remporté un tel succès que tout le monde a voulu recommencer.

Quelques jours plus tard, donc, nous voilà à nouveau tous rassemblés autour de notre « table des esprits ». Mais les choses, alors, ne se passent pas vraiment comme la fois précédente...

Tout à coup, on entend un bruit de claque, l'un de nous réagit en hurlant : il vient de se faire frapper. On rallume la lumière, et, sur sa joue, en effet, parfaitement visible, une marque de gifle !

Pourtant, aucun de nous n'a levé la main sur lui...

Là, je peux vous dire, je n'en mène pas large.

Si les autres sont juste un peu interloqués, moi, je décide *illico* de me retirer de ce petit jeu en train de mal tourner.

Le lendemain, exactement à l'heure où, la veille, nous avons fait cette séance de spiritisme un peu foireuse, j'évite de justesse un accident qui aurait pu être très grave puisque, à un carrefour, un type brûle le feu rouge ; et il s'en faut de peu pour que nos deux voitures ne se percutent.

Au même moment, toujours dans le registre automobile, un des potes de la bande manque de se faire renverser, tandis qu'un autre a un pneu crevé...

Je ne sais pas comment vous auriez interprété la chose, mais, pour ce qui me concerne, ce fut vite réglé : on ne joue pas avec les mauvais esprits ; plus jamais je ne me risquerai à réveiller, par un comportement inapproprié, provocant, leur méchanceté. Plus on s'ignorera, eux et moi, mieux je me porterai.

Ma vie, je l'ai confiée tout entière aux bons soins de mes âmes, de mes anges et de mes guides.

# Le pouvoir de la purification

Mais, les mauvais esprits, il ne suffit pas d'avoir, un beau jour, décidé qu'ils ne doivent pas entrer dans votre vie pour que les choses se passent comme ça.

La barrière que vous tâchez de maintenir entre eux et vous, ils s'en moquent bien ; la franchir est leur activité favorite. S'ils veulent venir vous embêter, ils ne vont pas se gêner…

Beaucoup de choses peuvent les attirer, j'oserais dire les exciter.

Tout d'abord, votre état psychologique. La moindre faiblesse – une peine, un souci, une angoisse, un peu de vague à l'âme, un petit coup de déprime, un peu de perte de confiance en soi –, et ils rappliquent.

Leur but, c'est vous tourmenter, vous enfoncer encore un peu plus. Et, pour ça, ils ont une arme très efficace : l'idée noire. Un genre de poison qu'ils vous font absorber à votre insu et à petites doses, jusqu'à ce que vous soyez complètement intoxiqué.

Ce qui les excite aussi, ce sont vos relations avec vos proches. Là où il y a de l'amour, de la tendresse, là où il y a de l'affection, de l'amitié, là où il y a de la bienveillance, de la sincérité, de la générosité, de l'empathie, ils prennent un malin plaisir à instiller de la jalousie, de la perversité, du mensonge, de la défiance, de la duplicité, de la méchanceté, de la traîtrise… Évidemment, ils ne s'arrêtent pas à votre cercle intime. Votre vie sociale et professionnelle les intéresse tout autant. Et si, comme moi, vous évoluez dans l'univers médiatique, alors là, leur état d'excitation est à son maximum : salir votre image en usant allègrement de la fausse rumeur, entacher ainsi votre relation avec la profession et avec le public leur apporte de grandes jouissances.

Imaginez ce que cela représente lorsque vivent sous le même toit deux personnalités médiatiques, dont l'une, qui plus est, est le journaliste le plus populaire de France…

Notre maison, vous l'avez compris, est, pour les mauvais esprits, une cible de choix.

Aussi faut-il la protéger.

C'est ce que je fais.

Je commence par mesurer ce que l'on appelle le « taux vibratoire » de ma maison. Cette méthode de calcul est plutôt réservée aux personnes aguerries et à celles qui sont dotées de fluide. Pour cela, je pratique la radiesthésie et j'utilise un cadran gradué de 0 à 18 000 unités Bovis avec l'aide d'un pendule. Si ce dernier m'indique que ma demeure présente un taux trop faible – en dessous de 6 500 –, cela signifie que celle-ci n'est pas bien protégée ou a subi un sort. Dans ce cas, pour remonter le taux de bonnes énergies – idéalement *a minima* à 11 000 unités –, je pratique un rite de purification à l'aide de feuilles de sauge blanche.

Cette plante est connue depuis des millénaires pour son pouvoir de « nettoyage » : sa fumée accroche les énergies négatives et les retire des lieux, des objets ou des personnes.

Je réunis les feuilles de sauge pour former une sorte de petit bouquet que j'allume et qui, en se consumant, va répandre dans la maison la fumée purificatrice.

En le faisant tourner toujours dans le sens des aiguilles d'une montre, je commence par les pièces d'en bas, la cave, le garage… Et je vais de pièce en pièce en veillant à ce que la fumée se diffuse bien sur les vitres, les portes, tout ce qui communique avec l'extérieur.

Afin que ce rituel agisse pleinement, il est important d'être parfaitement détendu lorsqu'on le réalise : les mauvais esprits ne doivent avoir aucune prise sur vous.

Pour être dans cet état d'apaisement, je commence par me laisser imprégner par l'envoûtant parfum de la sauge, et puis je m'adresse à haute voix aux entités et aux mauvais sorts : « Merci de bien vouloir nous laisser tranquilles, vous n'avez rien à faire chez nous, repartez d'où vous venez. Je ne souhaite de mal à personne, mais attention : l'Univers, lui, s'en charge ! »

Toutes les conditions sont alors réunies pour que la fumée purificatrice puisse au mieux se répandre dans la maison. Elle agit en débarrassant les murs et les objets de toutes les saletés que les mauvais esprits, profitant de nos difficultés du moment, y ont déposées.

Parfois, au lieu de ce rituel qui demande tout de même un peu de disponibilité, je brûle des bâtons d'encens. J'en allume un dans chaque pièce et, alors, tout doucement, la senteur de la sauge blanche – senteur envoûtante, un peu musquée, un peu camphrée – se met à envahir la maison…

— Maman, on se croirait dans une église ! me lance Tom, immanquablement, si d'aventure il rentre du lycée à ce moment-là.

— Mais, mon chéri, il faut bien que je purifie la maison ! Tu as des contrôles, en ce moment. En chassant les mauvais esprits, je mets toutes les chances de ton côté pour que tu nous rapportes les meilleures notes.

Avec le temps, Jean-Pierre et les enfants se sont habitués à me voir ainsi protéger notre foyer.

Même s'ils me regardent encore, parfois, avec un petit air moqueur, ils ont compris, je crois, que rien n'était plus important pour moi que le bonheur qui nous unit. Ils ont compris que je veillais chaque jour à ce que celui-ci soit le moins possible contrarié, sali, par tout ce que la vie charrie de négatif, de néfaste.

On m'a raconté qu'au Japon, dans chaque maison, pour célébrer l'arrivée du printemps, la coutume est de lancer une poignée de haricots grillés par la fenêtre en criant plusieurs fois : « Dehors, les démons ! Dedans, le bonheur ! »

Eh bien, c'est ce que je fais : je chasse les démons de notre maison, je fais en sorte qu'elle reste la maison du bonheur.

J'utilise pour cela la sauge blanche, donc, mais aussi le gros sel.

Tous les deux mois environ, je mets une poignée de gros sel sur des soucoupes que je pose sur les bords de fenêtres, devant les portes, bref, près de chacune des ouvertures de la maison. Je les laisse là, agir durant trois jours.

Au bout de ces trois jours, je récupère chaque soucoupe et vais dissoudre, sous l'eau du robinet, le sel qu'elle contenait.

Il paraît qu'au Japon le sel est symbole de purification : à croire que, dans une autre vie, j'ai été japonaise...

Lisant ces lignes, vous souriez peut-être. Peut-être vous dites-vous : « Aujourd'hui, au XXI^e^ siècle, croire aux mauvais esprits, bon, pourquoi pas... Mais croire en plus que la fumée d'une plante peut avoir sur eux un tel pouvoir... »

Les sceptiques ne me gênent pas du tout : toutes les croyances sont dans la nature.

La nature, justement. Je crois que le lien profond qui nous relie à elle est le même aujourd'hui qu'il y a des siècles. L'évolution scientifique, les progrès technologiques n'y ont rien changé et n'y changeront jamais rien. Pour l'éternité, ce lien restera le même.

La vie est une circulation d'énergies, positives et négatives, entre les vivants – êtres humains, animaux, plantes, pierres – et les morts – âmes et esprits.

# Sous la protection de l'oeil-de-tigre

« Protéger ceux qu'on aime et se protéger soi-même », « Veiller sur sa maison et veiller sur soi » pourraient être mes leitmotivs…

C'est à mon poignet que se trouvent ces protections : trois bracelets de perles taillées dans cette pierre semi-précieuse assez belle, avec ses reflets bruns et dorés – l'œil-de-tigre.

Une pierre connue depuis des millénaires pour ses vertus de protection, mais une protection qu'elle ne vous accorde qu'à condition que vous sachiez l'utiliser…

D'abord, et c'est essentiel, il y a la manière de se la procurer.

Il ne faut jamais qu'il y ait un intermédiaire, à ce moment-là, entre soi et la pierre. Autrement dit, il ne peut s'agir d'un cadeau ou d'une pierre que l'on vous a conseillé de choisir.

Le choix, c'est vous qui devez le faire ; plus exactement, c'est votre âme.

Dans la boutique, devant le présentoir, vous fermez les yeux, vous mettez votre main au-dessus des bracelets, et vous la laissez faire : guidée par votre âme, elle va choisir celui qu'il vous faut.

Ce ne sera peut-être pas le bracelet dont les perles auront les plus beaux reflets, mais ce sera, à coup sûr, celui qui vous correspond très précisément et qui saura, mieux que tout autre, exercer sur vous son pouvoir protecteur.

Ce bracelet, avant de le mettre à votre poignet, attention, il convient de le purifier. Pour cela, vous le passez sous l'eau froide en le frottant avec du gros sel.

Purifié, il va pouvoir jouer pleinement son rôle, c'est-à-dire qu'il va se charger, tel un aimant, de toutes les mauvaises ondes, de tous les esprits mauvais que vous allez rencontrer.

L'œil-de-tigre, c'est un aspirateur de négativité !

Un aspirateur, lorsque son sac est plein, vous le videz. Eh bien, pour votre œil-de-tigre, c'est pareil !

Régulièrement, vous devez le vider de toute la négativité qu'il a absorbée.

Pour cela, je place mon bracelet dans ma main avec du gros sel. Ensuite, je le passe sous l'eau froide, en faisant avec ma main un mouvement circulaire : sept fois dans le sens des aiguilles d'une montre, sept fois dans l'autre.

Autre chose, non moins essentielle : la pleine lune.

C'est une période de grande puissance cosmique, durant laquelle l'énergie solaire que nous recevons sur Terre est réverbérée par la Lune, ce qui la rend plus directement assimilable par les êtres vivants : les plantes – tous les jardiniers vous le diront –, ainsi que les animaux et les humains.

Un phénomène que l'on ressent, selon les individus, de manière plus ou moins forte. Pour ce qui me concerne, c'est plutôt plus : je ne dors pas, je suis plus nerveuse, plus irritable, plus mélancolique aussi...

Ce qui ne m'empêche pas de penser à mon œil-de-tigre. C'est le moment de le recharger en positivité !

À chaque pleine lune, donc, je commence par vider chacun de mes trois bracelets de toutes les mauvaises choses qu'il a absorbées en le purifiant avec du gros sel, puis je le passe sous l'eau claire, froide, et je vais le poser sur le bord d'une fenêtre afin que, durant toute la nuit, il se recharge en bonne énergie.

Le lendemain matin, c'est fait, je peux le remettre à mon poignet : mon œil-de-tigre a emmagasiné suffisamment d'énergie pour travailler à ma protection rapprochée pendant le mois qui vient.

Mes trois bracelets, c'est vrai, je ne les quitte jamais.

Les seuls moments où vous ne les verrez pas à mon poignet, c'est lorsque je suis en représentation, que ce soit sur scène, au théâtre – c'est alors le costume du personnage qui prime ! –, à la télévision ou à une soirée, en robe longue – le respect des convenances oblige parfois à faire des concessions…

Vous ne les voyez pas, mais ils ne sont jamais très loin de moi… Peut-être bien, oui, glissés dans une poche, voire – petite confidence – dans mon soutien-gorge.

En lithothérapie, qui est la pratique de soin fondée sur le pouvoir des pierres – toutes les pierres en ont un ! –, l'œil-de-tigre est identifié comme ayant ce pouvoir de protection contre les énergies négatives, les démons et leurs sortilèges, mais aussi une capacité d'action tout à fait favorable sur le psychisme.

Cette pierre stimulerait la volonté, elle donnerait confiance en soi, permettrait de dépasser ses limites, ses peurs, pour être plus à même de prendre des décisions, de faire des choix, de tenter de nouveaux défis, de s'ouvrir à de nouvelles perspectives… L'œil-de-tigre nous permettrait, pour tout dire, d'affirmer notre personnalité.

Si je me réfère à ma seule et petite expérience, je crois bien que tout cela est vrai.

Mais sachez qu'entre votre bracelet et vous, la relation ne dure qu'un certain temps.

Tout dépend de la quantité d'énergies négatives qu'il a absorbée.

Si le bracelet décide de se casser, c'est qu'il n'est plus apte à vous protéger.

Surtout, ne le jetez pas ! Ne vous débarrassez pas des pierres ! Récupérez-les toutes, et allez les enterrer dans un endroit éloigné de votre demeure.

En ensevelissant ainsi votre bracelet cassé, vous vous débarrassez de toutes les ondes négatives et des mauvais sorts que l'on vous a jetés. À partir de là, s'il le décide, l'univers se chargera de faire tourner la roue… dans l'autre sens !

# La force de la nature

Les pierres, mais aussi la terre, le soleil, l'eau, les animaux : la nature occupe une place essentielle dans ma vie.

À son contact, mes cinq sens se régénèrent, je retrouve ma respiration profonde, mon équilibre, l'harmonie de mes échanges, de ma communication avec le vivant.

Ce sont peut-être là des grands mots…

Mais ces grands mots, je peux vous l'assurer, se traduisent dans ma vie par des choses tout à fait quotidiennes et très simples : des gestes d'enfant.

Le premier, est celui de poser mes pieds nus sur la terre, celui de marcher ainsi, comme un enfant, oui, pieds nus sur la terre, l'herbe ou le sable.

C'est quelque chose que je prends le temps de faire régulièrement, été comme hiver.

Je marche alors d'une manière particulière, en posant le talon en premier, puis en déroulant bien la plante du pied jusqu'à la pointe. Le contact de mes pieds avec le sol est ainsi maximal, ce qui permet un échange d'énergies très fort entre mon corps et la terre : mon corps, je le sens, évacue toutes ces mauvaises vibrations que lui ont fait accumuler le stress et la fatigue ; et la terre le remplit d'énergie nouvelle, bienfaisante.

Cette sensation, je la retrouve, d'une manière peut-être plus intense encore, en faisant un autre geste essentiel : celui d'enlacer un arbre.

Être avec les arbres, pouvoir les toucher, et les enlacer est pour moi quelque chose de vital. Alors, il ne se passe généralement pas beaucoup de jours sans que j'aille faire un tour en forêt.

Je commence par respirer : une grande inspiration suivie d'une très profonde expiration, une première fois, puis une deuxième, une troisième... Cela, jusqu'à ce que je me sente légère, détendue, disponible. Je regarde la forêt devant moi, et j'ai l'impression d'entendre les arbres me dire :

*« Bonjour Nathalie, quel plaisir que tu sois venue nous voir. Entre... »*

Je marche un moment, m'imprégnant des parfums, des bruits, des ombres et des lumières...

Je retire mes chaussures, marche pieds nus sur le tapis de terre, de mousse et de feuilles mortes. Après quelques pas, c'est comme si je marchais les yeux fermés ; une force m'a prise par la main, me conduit...

C'est mon âme : parmi tous les arbres de la forêt, elle en a choisi un, qu'elle veut me présenter, me faire rencontrer...

Cet arbre, lorsque je suis arrivée près de lui, je l'enlace.

Pieds nus, mon corps bien plaqué contre le sien, je le serre bien fort et doucement, je sens que nos cœurs se mettent à battre à l'unisson, que sa sève et mon sang deviennent un même fluide, qu'une même énergie, venue du plus profond de la terre, nous irrigue.

Durant cette étreinte merveilleuse, je fais une prière : je rends grâce à la nature pour cette force qu'elle me donne, qui est la force même de la vie ; je lui promets d'en faire le meilleur usage en étant un être vivant respectueux du vivant, en agissant de telle manière que cette force vitale soit une force d'amour.

Les arbres, avec leurs racines enfoncées dans la terre et leurs branches qui se déploient vers le ciel, sont pour moi le symbole de ce que nous devrions être, nous, les êtres humains.

Le symbole de celui que j'essaie d'être, en tout cas, les pieds sur terre et l'esprit en communication avec l'au-delà…

Et puis, les arbres et nous, nous vivons dans le même royaume, nous avons, oui, le même roi : le soleil !

Je l'adore, ce roi !

Bien que née dans le Nord, je me sens comme une fille du Sud.

Le soleil, j'ai besoin de ses rayons sur ma peau, tout en la protégeant de trop fortes expositions, bien sûr ; j'ai besoin de son grand bain de lumière – pour moi, c'est vital.

Je me souviens, à l'époque de ma leucémie, j'avais tapissé les murs de ma chambre d'hôpital de cartes postales et de photos de paysages ensoleillés. Même, il m'arrivait, pour passer le temps, de dessiner. Quoi ?… De grands soleils, tout éclatants de couleur, que j'affichais aussi sur les murs de ma chambre. Cela faisait sourire tout le monde, tous ces soleils qui brillaient autour de moi. Ma manière, un peu spéciale, je l'avoue, de pratiquer ce qui est aujourd'hui une forme de traitement parfaitement reconnue, ce qui n'était pas vraiment le cas à l'époque : la luminothérapie.

Depuis lors, le soleil, je le fréquente dès que possible : dans mon jardin, dans la forêt, où j'adore observer le jeu de ses rayons à travers les frondaisons, et surtout, au bord de la mer, mon lieu de vie préféré.

Il y a là, comme le dit la chanson, le ciel, le soleil et la mer... Tout ce que j'aime !

Est-ce parce que je suis née sous le signe des Poissons ? J'adore me baigner. Mais, attention, pas n'importe où ! Les piscines, ces bassins remplis de chlore, très peu pour moi !

Là encore, avec le bain, ce que je recherche, c'est – comme lorsque je marche en forêt – le contact avec la nature.

La mer, les scientifiques disent que c'est de là que nous venons...

Il y a des millions et des millions d'années, la planète aurait été recouverte d'océans. Puis des terres se seraient formées. Et les animaux marins seraient devenus des animaux terrestres. L'homme, progressivement, serait apparu.

La mer serait-elle à l'origine de la vie ?

Alors, si je pratique la plongée, ce ne serait pas un hasard...

En descendant dans les profondeurs marines – je suis déjà allée jusqu'à moins 63 mètres –, je retourne où tout aurait commencé...

Lorsque je rentre d'une plongée, je me sens merveilleusement apaisée. Autour de moi, tout me semble fluide, rien n'est pesant, bruyant. Je sais que je vais bien dormir, comme un bébé.

Ce retour aux origines, j'ai la chance de pouvoir le faire même lorsque je suis chez moi, en région parisienne, où la mer est pourtant si loin.

Une fois par semaine, je me fais couler un bain dans lequel je jette une belle poignée de gros sel, mais un sel tout à fait particulier, qui vient de l'Himalaya.

Là-bas, on dit que ce sel rose proviendrait de l'évaporation de l'eau primordiale, celle qui existait à l'époque de la création du ciel et de la Terre : de ce fait, il contiendrait des éléments qui ont contribué à l'apparition de la vie sur Terre, des éléments d'une pureté extrême.

Je me plonge dans ce bain purificateur pendant une bonne heure, puis, toujours avec du sel, cette fois peu importe lequel, je me frotte tout le corps, cheveux y compris – les mauvais esprits aiment bien aller se nicher là –, en faisant une prière.

Ce sont des paroles qui me viennent sur le moment, où je fais des vœux pour moi et mes proches, pour la réussite et le bonheur de chacun, pour notre bonheur à tous...

Après quoi, il ne me reste plus qu'à bien me rincer.

Je sors de ma salle de bains avec un grand sentiment de sérénité, une sensation délicieuse d'absolue propreté.

L'eau, le soleil, la terre, les pierres, les arbres...

Comment vous parler des liens très forts qui m'unissent à la nature sans vous parler aussi des animaux.

J'ai pour eux un amour infini, à la Brigitte Bardot, dont j'admire tant le combat obstiné pour obtenir que les hommes considèrent enfin les animaux comme leurs égaux en tant qu'êtres vivants. Et dire qu'il aura fallu attendre 2015 pour que, dans notre Code civil, l'animal soit considéré comme « un être vivant doué de sensibilité » !

On m'a parlé d'une religion, en Inde, qui s'appelle le « jaïnisme » et dont le principe est que toutes les vies sont interdépendantes et se doivent un mutuel respect, une mutuelle assistance.

Les adeptes de cette religion font vœu de non-violence : ils s'engagent à ne commettre aucun acte violent envers ceux qui ont une âme, c'est-à-dire les hommes, les végétaux, les animaux... Dans les temples, ils balayent le sol devant eux avec un balai en plumes de paon pour éviter d'écraser, en marchant, les petits insectes, les êtres microscopiques qui, comme eux, se trouvent dans ces lieux.

Je pourrais être de cette religion : je ne ferais pas de mal, même à la plus vilaine des araignées, pour cette simple et bonne raison que, pour moi aussi, les animaux possèdent une âme.

Alors, au quotidien, je vis avec eux un peu comme avec mes semblables.

Je leur parle.

Je parle à mes chiens, à mes chats. Il y en a toujours eu dans ma vie. Et, leur existence étant si courte hélas, lorsqu'ils ne sont plus là, je continue de leur parler…

Ma chatte Titou qui, pendant dix-neuf ans, m'a apporté tant d'affection, de présence douce et joyeuse, est enterrée dans le jardin. Je fleuris sa tombe et je lui parle :

« Titou, lorsque moi aussi un jour je partirai, lorsque mon âme s'en ira là-haut retrouver les âmes, nous nous retrouverons, c'est promis. »

# L'Oracle des anges

La nature qui me purifie, qui m'allège, m'apaise, me procure mon équilibre, l'harmonie.

Mes âmes, mes anges, mes guides qui me montrent le chemin, me préviennent des dangers, des épreuves, me protègent.

Les voyantes, les voyants m'aident à y voir plus clair.

Grâce à tout cela, j'avance tant bien que mal – allez, plutôt bien que mal ! – sur le chemin difficile, tortueux et périlleux, de la vie...

Grâce à tout cela et, depuis quelque temps, à quelque chose d'autre : l'oracle *Messages de vos anges**.

* Doreen Virtue, *Messages de vos anges*, éditions Exergue, 2009.

Là-haut, dans le Ciel, il y a mes âmes, et il y a mon ange gardien.

Je crois très fort en son existence.

Il n'a aucun lien avec les morts, il existe par lui-même, comme une sorte de dieu.

Depuis que je suis née, il veille sur moi.

Si, contrairement à mes âmes, je ne peux pas lui parler directement, je peux quand même m'adresser à lui, car j'ai ce moyen de communication : l'oracle *Messages de vos anges*.

C'est un paquet de 44 cartes, dont chacune est joliment ornée de figures d'anges, d'animaux mythologiques ou de fées, et accompagnée d'un petit texte.

Lorsque vous venez de vous le procurer, ou lorsque cela fait un petit moment que vous ne l'avez pas utilisé, il est indispensable de le passer sur votre cœur, les cartes directement sur la peau.

Après quoi vous pouvez l'utiliser.

Ces cartes ont été conçues pour vous aider à trouver une réponse à la question qui occupe votre esprit – qu'il s'agisse d'un problème de santé, du travail, d'un souci du quotidien, petit ou grand...

Vous prenez votre paquet en main, vous en battez les cartes en le posant contre votre cœur, en fermant les yeux, sans précipitation et, plutôt que de tirer une carte, vous en laissez une venir à vous : celle qui sort légèrement du jeu tandis que vous le battez, c'est celle-là. C'est votre âme qui l'a choisie.

Vous la contemplez, vous lisez le texte qui y est écrit : quelque chose alors s'éclaire en vous, la lumière se fait sur la question que vous vous posiez et à laquelle vous désespériez de trouver une réponse.

Le nombre de fois où l'oracle depuis que je l'utilise, m'a permis de prendre une décision, de choisir entre telle ou telle solution ! Aujourd'hui, c'est un peu comme le portable, je ne pourrais pas m'en passer !

D'autant qu'en plus de ces cartes il y a un livre.

C'est un recueil de paroles d'anges.

Son utilisation est très simple : il suffit de penser, de manière spontanée, à un nombre entre 1 et 365, et d'aller à la page correspondante.

Ce matin, par exemple, juste avant d'écrire ces lignes, c'est le nombre 22 qui m'est venu.

J'ai lu : « Je suis profondément aimée. Mes anges me chérissent pour ce que je suis, et je les autorise à m'aider. Je demande leur assistance tout au long de la journée. Nous formons une équipe parfaitement unie. »

Ce livre offre ainsi une série de « paroles d'anges » qui sont toutes des paroles chaleureuses, affectueuses ; des paroles qu'on a plaisir à entendre, qui font du bien, qui mettent de bonne humeur ; des paroles, pour tout dire, qui permettent de commencer la journée de manière optimiste, enthousiaste, positive.

J'attache une grande importance à la pensée positive, je la cultive, car elle engendre le positif.

Ne jamais croire à ses chances, ne jamais s'estimer à la hauteur, toujours envisager le pire, être toujours méfiant, sur la défensive, ne voir en face de soi que des traîtres, des ennemis ou des concurrents, ne voir chez les autres que leurs faiblesses, leurs défauts, bref, avoir l'esprit négatif, cela complique terriblement la vie, ça la rend moche. Sans compter qu'avoir une telle attitude vous rend plus faible et laisse la porte ouverte aux mauvais sorts et aux entités néfastes.

La pensée positive, elle, permet d'avancer, de rencontrer, d'apprendre, d'échanger, d'accomplir des choses, de s'épanouir dans la confiance et la sérénité, d'aimer : à la vie, je ne lui dis pas non, je lui dis oui, un grand « oui » sacré !

# Ma spiritualité

Derrière le mot *religion*, je sais qu'il y a l'idée d'« être relié ».

Je suis reliée à mes guides, à mes âmes, aux anges… Avec eux, bien sûr, je suis reliée à « mon » dieu…

Mais je n'appartiens à aucune religion en particulier.

Ma religion est toute personnelle, je me la suis forgée moi-même au fil des années.

Jamais je n'ai suivi d'enseignement. Rien que d'entendre le mot *gourou*, cela me fait peur, je pars en courant.

Encore une fois, le chemin de cette forme de spiritualité qui est la mienne et qui, peut-être, ne ressemble à nulle autre, ce sont mes âmes qui me l'ont indiqué.

Tout est venu d'elles.

Et je n'ai confiance qu'en elles.

Le moment clé, je pense, a été la leucémie.

Dans mon corps malade, affaibli, j'ai alors senti une force extraordinaire.

Une force qui n'avait rien de physique, bien sûr.

Qui était mentale, spirituelle.

D'où pouvait-elle me venir ?

Du bon Dieu ?

Non, je ne crois pas. Car ce n'est pas à lui que je confiais alors mes angoisses, mes souffrances ; ce n'est pas à lui que je demandais de l'aide ; c'était à mes âmes, en particulier à celle de ma grand-mère.

Et mes âmes m'ont entendue, m'ont répondu.

Elles m'ont dit que cette maladie n'était qu'une épreuve sur le chemin de ma vie, une épreuve que j'allais surmonter, pour mieux repartir et continuer...

Dans tout parcours spirituel, il y a un moment où, soudain, les choses s'éclairent ; vous avez comme une révélation.

Pour moi, cela s'est passé, lorsque, malade, risquant la mort, j'ai eu cet échange encore plus fort avec mes âmes.

Ce dont j'ai eu la révélation, c'est que je n'étais pas qu'un corps, mais aussi une âme ; c'est que, comme mon corps était présent sur Terre auprès d'autres corps, mon âme était présente au Ciel avec les autres âmes.

Ce dont j'ai eu la révélation, c'est que la vie sur Terre n'était que la forme visible, charnelle, de ma vie.

Ma vie essentielle, invisible, est celle de mon âme : il faut donc que je l'écoute, mon âme…

À partir de là, ce fut comme une nouvelle naissance, une nouvelle enfance : j'ai fait mes premiers pas sur le chemin de ma vie en sachant désormais que ce chemin était écrit, et que, si je ne le voyais pas, mon âme, elle, le voyait.

Depuis ce jour, c'est mon âme qui me conduit, mon âme qui, pour cela, prend conseil auprès des autres âmes, auprès de mes guides, de mon ange gardien…

Je n'ai pas à m'en faire, je suis bien accompagnée.

Je n'ai pas à m'en faire, mais je dois être sérieuse, attentive, car, ces *bonnes âmes* qui veillent sur moi, il s'agit de ne pas de les négliger.

Chaque matin, à mon réveil, je les salue, les remercie, ainsi que mon ange gardien.

Je les remercie pour ce jour nouveau qui se présente à moi, qui va me permettre de retrouver mon mari, mes enfants, ma famille, tous ceux que je chéris, le bonheur sans cesse plus profond, plus joyeux, qui nous unit, qui va me permettre, aussi, de retrouver mes amis, mes relations de travail, et de reprendre mes activités, d'avancer dans mes projets, de faire de nouvelles rencontres, d'apprendre encore, de faire des choix, de prendre des décisions, d'entreprendre, d'oser : bref, ce jour nouveau qui va permettre de poursuivre mon chemin...

De la même manière, le soir, avant de m'endormir, je remercie mes âmes, mon ange gardien et mes guides pour l'aide qu'ils m'ont apportée afin que, justement, je ne m'écarte pas de ce chemin, afin que je ne m'égare pas.

« Ça ne va pas trop bien en ce moment, je me sens un peu paumé, à côté de mes pompes. » Ce genre de propos, que l'on a tous entendu ou prononcé un jour, dit parfaitement les choses...

Lorsqu'on est fatigué, déprimé, malheureux, c'est qu'on est sorti de son chemin, c'est qu'on s'est perdu. Soit parce qu'on n'a pas assez écouté son âme, soit parce que les mauvais esprits ont été suffisamment malins, suffisamment forts, pour avoir le dessus. D'où la nécessité de savoir les combattre, les chasser, se purifier, la nécessité de se mettre toujours en situation de capter et d'entendre les messages envoyés par les âmes.

Ma religion, c'est tout simple, est fondée sur ça : tous mes rituels, toutes mes prières ne visent qu'à maintenir entre moi, mes âmes et mes anges la relation la plus proche.

Alors, bien sûr, certains s'amusent de ce qu'ils appellent ma « foi du charbonnier ».

Cela ne me dérange pas. Même, cela m'amuse.

On aime bien rire, mes âmes et moi. Qui m'aime nous suive !

Et puis, plus sérieusement, et très sincèrement, je ne pense pas être quelqu'un d'aussi candide que le charbonnier en question.

Ce en quoi je crois, et qui n'engage que moi, c'est d'abord que notre vie est écrite : tout part de là.

Comme une histoire, avec son début et sa fin, avec, entre les deux, un déroulé jalonné d'épreuves, ma vie est écrite.

Vivre, c'est accepter cela et se comporter, agir, de telle manière que son histoire, telle qu'elle a été écrite, s'accomplisse.

Alors, on peut mourir en paix, laisser son âme s'envoler.

Car, oui, je crois en cela également : à l'instant de notre mort, notre âme s'envole vers le Ciel.

Lorsqu'un être cher vient de nous quitter, symboliquement, il est très important d'ouvrir les portes et les fenêtres afin de permettre à son âme de s'envoler le plus rapidement possible vers le Ciel. Il est indispensable que les âmes se retrouvent là-haut, car, si elles restent bloquées sur Terre, elles ne peuvent être en paix et vous protéger.

Après la disparition d'un être aimé, même si cela est difficilement concevable, il faut s'attacher à ne pas pleurer le défunt, pour le bien de son âme.

À votre domicile, allumez trois bougies blanches – qui, idéalement, auront été bénites – à côté d'une photo le représentant.

Rendez-lui ensuite hommage avec vos mots, et laissez se consumer les bougies totalement.

Il faut renouveler ce geste plusieurs fois, autant de fois que vous en ressentez le besoin, jusqu'au moment où vous commencez à vous sentir apaisé et en connexion avec la personne disparue. En mettant en lumière son âme, vous l'aidez à ne pas se perdre, à monter plus haut, vers le monde de Lumière que certains appellent le « paradis ».

Par la suite, les plus réceptifs d'entre vous recevront des signes : une photo qui se renverse, votre musique commune préférée qui passe à la radio, un objet appartenant au disparu qui se présente à vous en premier lorsque vous ouvrez un tiroir, son nom qui apparaît sur votre téléphone portable, un message ancien sur votre répondeur qui se met en route…

La personne disparue vous envoie des messages.

Cela peut passer par la lumière. Vous êtes chez vous, toutes les lumières sont éteintes, une âme veut vous montrer que vous n'êtes pas seul, et une lampe se met à clignoter.

La technologie moderne n'est pas en reste : j'ai en mémoire cette soirée où, en famille, nous venions d'apprendre la mort d'un ami. Alors que nous étions en train d'évoquer son souvenir, les chaînes de la télévision se sont mises à se changer toutes seules sans que nous touchions à la télécommande. Pourtant, le téléviseur fonctionnait très bien avant ce moment de commémoration, et il s'est remis à très bien fonctionner après.

D'autres choses, d'autres signes encore...

N'avez-vous jamais ressenti comme un souffle d'air froid, des frissons vous parcourir le corps alors qu'il faisait chaud ?

C'est la présence d'une âme à vos côtés. Également, les horloges, les réveils qui s'arrêtent, le plus souvent entre 2 heures et 4 heures du matin. Le temps, comme suspendu : voilà assurément un autre signe.

Mais parfois, aussi, il peut vous arriver de vivre des expériences désagréables : c'est à cause de certaines âmes qui n'ont pas encore fait leur chemin vers la lumière.

Cela, je l'ai vécu de manière particulièrement forte, il y a une dizaine d'années, dans notre maison du Sud.

Plusieurs nuits de suite, je suis systématiquement réveillée, sans aucune raison, à 3 heures du matin. J'entends « gratter »... Cela semble venir du plafond, d'un coin situé entre ma chambre et le salon... Le son se fait de plus en plus fort, et cela, pendant environ une heure.

Puis plus rien. Je peux me rendormir.

Les jours suivants, à ce bruit dans le plafond vient s'ajouter un bruit de clefs qui s'entrechoquent, pendant quelques instants, au niveau de la poignée de la porte d'entrée… Mais, bien sûr, il n'y a personne.

Aussi, à la période où se produisent ces bruits étranges, mon fils, alors âgé de 7 ans, tombe régulièrement du lit…

Mes parents, qui sont alors avec nous, constatent eux aussi tous ces phénomènes. Nous cherchons ensemble à les expliquer… Les maigres hypothèses que nous formulons – une souris, un courant d'air… –, ne suffisent pas à nous apporter le moindre début de réponse.

Inquiète, je décide d'appeler à la rescousse Bernadette, ma voyante d'Alsace.

Je lui téléphone, elle m'écoute lui raconter ces phénomènes qui commencent tout de même à devenir assez perturbants. Et, aussitôt, Bernadette ressent la présence dans notre maison de l'âme d'une très vieille dame ; une âme qui, il y a longtemps, est venue s'égarer chez nous.

Bernadette me dit qu'il faut réagir, et rapidement. Car, si elle ressent que, pour l'heure, cette âme est plutôt gentille, celle-ci pourrait bientôt se révéler malveillante vis-à-vis des plus jeunes… Je rappelle alors à Bernadette que Tom a chuté de son lit à plusieurs reprises.

Bernadette me recommande de procéder à une purification à l'aide de coupes de gros sel à disposer au sol, devant les ouvertures de mon domicile.

De son côté, elle m'assure qu'elle va, sans délai, s'atteler à faire « ce qu'il faut » et que, dans les prochains jours, tout sera rentré dans l'ordre.

Dès la nuit suivante, aucun signe ne me réveille. De même ensuite. Mes parents et moi pouvons enfin faire des nuits complètes.

Lorsque Jean-Pierre nous rejoint sur notre lieu de vacances, je lui fais entendre l'enregistrement de tous ces bruits, il est stupéfait !

# Mes âmes sont éternelles

Tout au long de ces lignes, j'ai beaucoup parlé de vie et de mort.

La vie qui est suspendue à la mort.

La mort qui arrive lorsque l'heure est venue.

La vie qui n'est qu'un passage.

Tandis que l'âme, elle, est éternelle.

À l'instant de la mort, notre âme, tôt au tard, monte au Ciel.

Elle séjourne là un moment – mais là-haut, n'est-ce pas, il n'y a plus de temps –, parmi les âmes. Et puis, elle revient sur Terre…

Ce que l'on appelle la « transmigration », ou la « réincarnation » – le fait que les âmes sont éternelles et que, dans le temps sans fin, elles passent sans cesse d'un corps à un autre –, fait également partie de mes croyances.

Le corps n'est que l'enveloppe charnelle de l'âme des êtres humains.

De même, les animaux. De même, les plantes.

Il m'arrive parfois de m'amuser à imaginer les différents corps, les différents visages, de femmes ou d'hommes, qu'a pu prendre mon âme avant moi.

J'imagine les vies qu'elle aura eues à guider avant la mienne. Cela me fait voyager à travers l'espace et le temps : en Égypte, au temps des pharaons ; en Amérique latine, au temps des conquistadors ; au Japon, au temps des samouraïs ; ailleurs, et à d'autres époques encore...

Et puis, la réincarnation nous conduit à vivre d'étranges situations.

Cela vous est sans doute déjà arrivé à vous aussi : vous vous trouvez avec quelqu'un que ne vous ne connaissez pas beaucoup et pourtant vous avez le sentiment de très bien le connaître...

Ce que je crois, à ce moment-là, c'est que ce sont deux âmes qui se retrouvent. Elles ont déjà eu l'occasion de se croiser, de se fréquenter, à une époque ou à une autre ; et là, elles se retrouvent !

Laissez-moi conclure – même s'il y aurait encore tellement de choses à dire sur le sujet – avec ces mots d'Albert Einstein :

> « La mort n'est pas la pire chose de la vie. Le pire, c'est ce qui meurt en nous quand on vit. »

J'essaie d'éviter ce pire autant que je le peux.

J'essaie de faire à chaque instant honneur à la vie.

C'est-à-dire à l'amour.

L'amour des miens, ceux qui sont là, près de moi, et ceux qui ne sont plus là.

Achevé d'imprimer en juillet 2021
sur les presses de la Nouvelle Imprimerie Laballery
58500 Clamecy
Dépôt légal : juillet 2021
Numéro d'impression : 107394

*Imprimé en France*

La Nouvelle Imprimerie Laballery est titulaire de la marque Imprim'Vert®

Composition et maquette : Soft Office